최구식은 합니다

최구식은 합니다

상벌이 분명해야
미래가 있다

최구식 지음

진주의 현실을 보자! 누가 어떻게 바꿀 것인가
진주 대전환 대도약, 미래 100년 청사진을 말하다

실크로드
silkroad

프롤로그

진주는 지금 어디에 서 있나

1925년 경남도청이 떠난 이후 진주는 100여 년간 계속 내리막길을 걸었다. 관공서가 떠나고, 기업이 떠나고, 사람이 떠났다. 든 사람은 몰라도 난 사람은 안다는 말처럼, 떠나는 것을 지켜보는 일은 가슴 아픈 일이다. 우리는 "언젠가 때가 되면 다시 좋아지겠지" 하는 막연한 기대와 희망으로 긴 시간을 견뎠다.

때는 오지 않았다. 진주의 1인당 GRDPgross regional domestic product·지역내총생산는 경남 최하위권으로 떨어졌고, 인구 34만 명 선은 붕괴했으며, 소멸위험지수 0.5라는 경고등이 켜졌다. 청년이 떠나고, 여성이 떠나고, 아이가 사라지는 도시. 그것이 오늘 우리가 마주하고 있는 진주의 자화상이다.

이 책은 진주의 추락을 한탄하기 위해 쓰지 않았다. 왜 100년간 쇠퇴해 왔는지, 무엇이 원인이었는지, 어떻게 '대전환·대도약'으로 바꿀 것인지를 묻고 구체적인 해답을 제시하기 위해 썼다. 그러기 위해 진주의 100년 쇠퇴의 역사를 있는 그대로 직시하는 것에서 출발했다.

도청 이전, 향토기업 이탈, 산업구조의 공백, 인구구조의 붕괴까지. 우리가 외면해 온 불편한 진실들을 낱낱이 드러내려 했다. 그렇게 찾아낸 차가운 현실 위에 우주항공산업, 공공기관 2차 이전, 정촌 미래신도시, 기후대응댐, AI 산업단지라는 새로운 성장 엔진을 장착하는 방안을 모색했다.

나는 이 책에서 줄곧 "바보야, 문제는 경제야"라는 한 문장을 반복했다.

인구 감소, 청년 유출, 여성 이탈, 도심 공동화, 소멸 위기, 마약과 범죄의 그림자까지. 겉으로 드러난 현상은 제각각이지만 뿌리는 모두 경제에서 나온다. 먹고살 수 있으면 떠나지 않고, 미래가 보이면 청년은 남는다. 아이를 키울 수 있는 일자리와 도시 환경이 있으면 젊은 부부는 정착한다. 그러므로 소멸 위기 극복, 여성친화도시, 청년도시는 따로 존재하는 세 개의 목표가 아니라, 튼튼한 성장·일자리·세수를 바탕으로 한 경제도시의 다른 이름일 뿐이다.

많은 분들이 묻는다. 다 좋은데, 누가 그걸 하느냐고.

혁신도시 유치, LH 일괄 이전, 전국체전 개최, 진주-대전 KTX 시작, 경남도청 서부청사 개청, 남강댐 물 문제 저지, 코리아드라마페스티벌, 유등축제 국가대표축제 선정, 경상국립대 약대 유치, 경상국립대병원 국가지정지역암센터 지정, 남강 하천정비사업 등등. 100년 쇠퇴사 중 잠깐 부활의 등불이 켜졌던 시기가 있었다. 빠져나가기만 하던 도시에서, 빼앗기기만 하던 도시에서, 처음으로 '무언가가 들어오는 것'을 보며 환호했던 시기였다. 내가 국회의원으로 있던 8년 동안 벌어진 일들이다. 8년은 도시를 흥하게도, 망하게도 할 수 있는 충분히 긴 시간이다.

많은 사람이 '기업을 유치하겠다', '공공기관을 가져오겠다'고 말한다. 하지만 실제로 해낸 사람은 드물다. 아무나 말할 수는 있지만 아무나 해낼 수는 없다. 말은 쉽지만 결과는 냉혹하다. 사람은 입이 아니라 발을 봐야 한다. 무슨 말을 하는지가 아니라 무슨 일을 했는지를 꼼꼼하게 따져봐야 한다. 그러지 않고 기분 내키는 대로, 손 가는 대로 덜컥 선택하다가 지금의 진주가 된 것은 아닌지 생각해 볼 일이다.

나는 이념의 깃발보다 진주의 생존을 택했다. 집권여당의 강력한 힘을 통해 우주항공 수도, 공공기관 2차 이전, 정촌 신도시, 기후대응댐, AI 산업단지라는 진주의 미래 프로젝트를 성공으로 이끄는 방향을 선택했다. 이번에도 때를 놓치면 진주는 영영 솟아날 길이 없겠다는 절박감에서였다.

이 책은 3장으로 구성돼 있다. 제1장은 진주의 현실을 진단했다. 제2장은 진주가 나아갈 방향을 처방했다. 제3장은 잠깐 부활의 등불이 켜졌던 시기, 그것이 어떻게 가능했는지를 기록했다. 그때 됐으면 지금도 할 수 있다.

어디서 왔는지 알아야 어디로 갈지 방향을 안다. 그래서 역사책 읽기를 좋아하고, 뿌리 찾기를 즐긴다. 내가 어디서 왔는지 따져 보니 부모님께로 거슬러 올라가게 되었고, 그때부터 다른 무엇보다 효자가 되려고 했다. 진주가 '북평양 남진주'라 불릴 만큼 위대한 도시에서 출발했다는 사실을 알고, 진주가 나아갈 길을 찾았다.

혁신도시는 어디서 왔을까. 2004년 5월 30일 국회의원 임기를 시작하자, 전경련(전국경제인연합회)에서 기업도시법을 추진하고 있었다. 6월 22일 현명관 전경련 상근부회장을 찾아가 "책임지고 법을 통과시켜 줄 테니 기업을 진주로 보내 달라"고 제안했다. 7월 16일에는 실무자로는 최고위직인 이규황 전무를 진주로 초청해 토론회를 열었다. 같은 시기 진주 출신 대기업 회장도 접촉했다. 국회·전경련·기업, 세 방향으로 동시에 각개약진했다.
기업도시법의 실현이 어렵겠다는 사실은 금세 알게 되었다. 법을 통과시켜 놓아도 기업이 오지 않겠다면 그만이었다. 기업의 이전 여부는 결국 기업 스스로가 결정한다. 아무리 찾아봐도 진주로 오겠다는 기업은 없었다. 진주 출신 회장은 만나는 것 자체를 피했다. 그래서 대안을 찾았다. 혁신도시는 기업도시법상 네 가지 유형 중 하나로, 공공기관 이전을 기반으로 하는 도시다. 공공기관 이전은 정부가 결정한다. 목표를 혁신도시로 좁히고 에너지를 집중했다. 이후 유치부터 LH 이전까지 이어진 '혁신도시 7년 전쟁'에서 진주가 내내 압도적 우위를 차지할 수 있었던 것은, 초반에 가장 유리한 고지를 선점해 기선을 제압했던 것이 결정적이었다.

진주에서는 거의 모든 시민사회단체가 연대해 유치위원회를 꾸리고, 남성당 김장하 선생을 위원장으로 모셨다. 국회의원이 맡아야 한다며 권했지만, 중앙에서 실무에 전념해야 한다는 이유로 이를 사양했다. 진주가 생긴 이래 그때처럼 시민들의 마음이 하나로 모인 적은 없었다고 한다. 그만큼 김장하 선생의 공이 컸다.

위대한 도시였던 진주가 오랜 침체를 끝내고 마침내 부활해, 나라의 중심을 넘어 세상의 중심으로 훨훨 날아오르는 꿈을 꾼다. 혼자 꾸면 꿈이지만, 함께 꾸면 역사가 된다.

최구식

제1장
진주의 현실, 그리고 누가 바꿀 것인가

제2장

진주 대전환 대도약 – 미래 100년의 청사진

제3장
진주 사람, 진주 사랑

제1장

진주의 현실,
그리고
누가 바꿀 것인가

제1부

진주 100년의 쇠퇴사

1925년 도청 이전, 쇠락의 시작

1925년, 경상남도 도청이 진주에서 부산으로 이전했다. 이 역사적 사건은 단순한 행정기관의 이동이 아니었다. 그것은 진주 100년 쇠락의 서막이었다. 도청 이전과 함께 진주는 경남의 중심도시라는 지위를 상실했다. 관공서가 떠나고, 사람이 떠나고, 자본이 빠져나갔다. 한때 영남의 중심이었던 진주는 서서히 변방으로 밀려났다.

도청 이전의 영향은 즉각적으로 나타났다. 도청을 따라 수많은 공무원과 그 가족들이 부산으로 이주했다. 도청 인근에서 생계를 이어가던 상인들도 하나둘 자리를 떠났다. 진주의 상권은 급격히 위축되었고, 부동산 가격도 하락했다. 교육과 의료, 문화 전반에서 진주의 위상은 흔들리기 시작했다.

이후 100년간 진주는 끊임없이 무언가를 잃어가는 역사를 겪어왔다. 도청이 떠난 자리에는 공허함만 남았다. 명목상으로는 경남 제2의 도시라는 위치를 유지했으나, 실질적인 경제력과 영향력은 점점 약화됐다. 부산과 울산, 창원이 산업화의 물결을 타고 급성장할 때, 진주는 그 과정에서 비켜서 있었다. 임해공업지대 개발, 중화학공업 육성 등 국가 주도의 성장 정책에서도 진주는 번번이 배제되었다.

100년이 흐른 지금, 진주는 다시 한번 선택의 기로에 서 있다. 과거의 쇠락을 반복할 것인가, 아니면 새로운 100년의 도약을 시작할 것인가. 역사는 우리에게 분명한 교훈을 남겼다. 중심을 잃은 도시는 쇠퇴한다. 진주가 다시 일어서려면 새로운 중심을 만들어야 한다. 그것이 바로 오늘 우리가 서 있는 자리다.

대동공업의 이탈, 신흥의 탈출
- 향토기업이 떠나는 도시

진주의 쇠퇴사에서 빼놓을 수 없는 것이 향토기업의 이탈이다. 1983년 대동공업의 대구 달성공단 이전은 진주 산업사에서 가장 뼈아픈 사건 중 하나로 남아 있다. 한때 지역 경제의 버팀목이었던 대동공업은 더 나은 사업 환경을 찾아 진주를 떠났다. 기업이 빠져나가면서 일자리가 사라졌고, 일자리가 사라지자 사람들도 떠났다. 악순환의 고리가 본격적으로 시작된 것이다.

그리고 최근에는 50년 넘게 진주와 함께해온 향토기업 신흥마저 이전을 결정했다. 신흥의 이탈은 단순한 기업 이전이 아니라 진주 경제가 처한 위기를 상징하는 사건이다. 반세기 동안 진주와 함께 성장해 온 기업이 왜 고향을 떠나야 했는가. 그 질문을 외면할 수 없다. 기업이 성장하고 뿌리내릴 수 있는 환경을 만들어

주지 못했기 때문이다. 규제는 많고 지원은 부족했다. 인프라는 낙후되었고 인력 확보도 점점 어려워졌다.

기업이 떠나는 도시에 미래는 없다. 이것은 자명한 현실이다. 기업이 있어야 일자리가 생기고, 일자리가 있어야 청년이 남는다. 청년이 남아야 아이가 태어나고, 도시가 성장한다. 기업 이탈은 이 선순환의 구조를 근본에서 끊어버린다. 진주는 지금, 끊어진 고리를 다시 이어야 하는 절박한 상황에 놓여 있다.

향토기업의 이탈은 비단 진주만의 문제가 아니다. 전국의 많은 중소도시들이 비슷한 어려움을 겪고 있다. 그러나 진주는 여전히 가능성을 지니고 있다. 혁신도시가 있고, 경상국립대학교가 있으며, 우주항공청이 들어온다. 이 자산들을 어떻게 활용하느냐에 따라 진주의 미래는 달라진다. 더 이상 기업이 떠나는 도시가 아니라, 기업이 찾아오는 도시로 바뀌어야 한다.

인구 34만 붕괴와 소멸지수 0.5 진입

진주시 인구가 34만 명 선 아래로 내려갔다. 숫자로만 보면 그저 통계의 변화처럼 보일 수 있다. 그러나 이 수치 뒤에는 진주를 떠나간 수만 명의 삶이 있다. 청년들은 일자리를 찾아 서울과 부산, 창원으로 떠났다. 젊은 부부들은 아이를 키우기 어렵다며 더 큰 도시로 옮겨갔다. 그 결과 진주에 남은 것은 고령화된 인구뿐이다.

소멸위험지수는 0.5 수준에 근접했다. 소멸위험지수란 20~39세 여성 인구를 65세 이상 인구로 나눈 값이다. 이 지수가 0.5 이하로 내려가면 소멸위험지역으로 분류된다. 진주가 바로 그 경계에 서 있는 것이다. 아이를 낳을 수 있는 젊은 세대는 줄고, 노인 인구는 늘고 있다. 인구 구조 자체가 미래를 잃어가고 있는 셈이다.

도청 이전 이후 101년이 흐른 2026년 현재, 진주의 현실은 매우 어렵다. 시내 상가가 텅 비었다는 이야기는 더 이상 과장이 아니다. 기성세대는 "어려울 때일수록 허리띠를 졸라매면 된다"라고 말할 수 있다. 그러나 젊은 세대는 다르다. 살아온 환경이 완전히 다르기 때문이다. 행정안전부는 2015년부터 매년 전국 지자체를 대상으로 범죄와 교통, 안전 등 분야별 '지역안전지수'를 발표하고 있는데, 진주는 각종 통계에서 범죄 발생이 많은 도시로 분류되는 경우가 많다. 그러나 문제는 단순한 치안이 아니다. 도시의 인상이 걸려 있다. 어떤 나라 이름을 들었을 때 떠오르는 인상이 있듯, 도시도 마찬가지다. 외부 사람들이 진주라는 도시 이름을 들을 때 어떤 이미지를 떠올리는지 정확히 가늠하기는 어렵지만 생각하는 것보다 훨씬 심각하다. 나라로 치면 소말리아처럼 됐다는 것과 비슷하다. 진주와 통합을 거부하는 이유가 단순한 경제적 손익 계산만은 아닌 것도 이 때문이다.

식품의약품안전처에서는 전국의 하수처리장 시료 분석을 통해 지역별 불법 약물 사용 실태를 추정하는 조사를 진행해 왔다. 2020년부터 24년까지 실시된 조사 일부에서 진주는 인천 남항, 인천 가좌에 이어 상위권으로 분류된 사례도 보고된 바 있다. 인천은 항구도시라는 특수성이 있어 다른 도시와 단순히 비교하기 어렵다는 점을 감안하면 결코 가볍게 볼 수 없는 통계다. 졸업은 했지만 일자리를 구하지 못한 진주의 청년들이 좌절을 겪고, 그 과정에서 범죄나 마약과 같은 위험에 노출된다고 생각해 보자. 진주가 지금 마주한 현실이 바로 그것이다.

인구 감소의 원인은 복합적이다. 일자리 부족, 낮은 임금, 부족한 문화 인프라, 불편한 교통 여건이 겹쳐 있다. 그러나 근본적인 원인은 하나로 수렴된다. 경제다. 먹고살 수 있다면 사람들은 떠나지 않는다. 미래가 보이면 청년들은 남는다. 아이를 키울 수 있는 환경이 마련되면 젊은 부부는 정착한다. 결국 모든 문제의 해답은 경제 성장에 있다.

진주는 지금 소멸의 기로에 서 있다. 이대로 가면 10년, 20년 후 진주는 도시로서의 존립 자체가 위태로워질 수 있다. 그러나 반대로 생각하면 지금이 마지막 기회다. 아직 30만 명이 넘는 인구가 있고, 잠재력도 남아 있다. 이 잠재력을 현실로 바꿀 리더십이 필요하다. 인구 유출을 막고, 사람들을 다시 불러들이는 경제 정책이 필요하다. 시간이 없다. 지금 당장 행동해야 한다.

제2부

진주의 냉혹한 현실

1인당 GRDP 1만 7천 달러, 경남 최하위권의 민낯

한 민간기관의 연구에 의하면 진주시의 1인당 지역내총생산 GRDP은 약 1만 7천 달러 수준이다. 이 수치가 의미하는 바는 명확하다. 통계청 자료를 기준으로 보더라도 진주의 1인당 GRDP는 경남 하위권이다. 경남 18개 시군 가운데 최하위권에 속한다. 경남의 중심도시를 자처해 온 도시의 경제력이 최하위권이라니, 이보다 아이러니한 현실이 또 있을까. 1만 7천 달러는 대한민국 평균의 절반 수준으로, 중국의 1인당 GDP와 비슷한 규모다.

이 통계가 말해주는 것은 분명하다. 진주 시민들의 전반적인 소득 수준이 낮다는 것이다. 창원, 거제, 울산 등 산업도시들과 비교하면 격차가 더욱 선명하다. 좋은 일자리가 없기 때문이다. 대기업은 거의 없고, 제조업 기반도 취약하다. 있는 것이라곤 공공기관과 대학, 그리고 영세한 서비스업이 대부분이다. 이런 산업구조로는 높은 부가가치를 기대하기 어렵다.

1인당 GRDP가 낮다는 것은 단순히 개인 소득의 문제가 아니다. 도시 전체의 경쟁력이 약하다는 뜻이다. 세수가 부족하니 시 재정은 빠듯하고, 재정이 어려우니 인프라 투자 역시 제한적이다. 인프라가 부족하면 기업은 들어오지 않고, 기업이 없으면 일자리는 생기지 않는다. 일자리가 없으니 청년이 떠나고, 청년이 떠나면 도시는 빠르게 쇠퇴한다. 이 악순환의 고리를 끊지 않으면 진주의 미래는 없다.

경남 최하위권이라는 오명을 벗어던지려면 근본적인 변화가 필요하다. 산업 구조부터 바꿔야 한다. 고부가가치 산업을 유치하고, 기업이 정착할 수 있는 환경을 만들어야 한다. 이것은 구호만으로 해결되는 일이 아니다. 실행할 수 있는 실력이 있어야 한다. 무엇보다 중앙정부의 지원을 이끌어낼 수 있는 능력이 있어야 한다. 그 능력을 갖춘 사람이 진주시장이 되어야 한다.

'부강진주' 8년, 무엇이 남았나

2026년 진주의 캐치프레이즈는 '부강진주'이다. 진주를 부유하고 강한 도시로 만들겠다는 것이다. 이 구호는 2018년 새 시장이 취임하며 처음 내걸었고, 올해로 8년째다. 8년은 하나의 도시가 성과를 만들어낼 수 있는 충분히 긴 시간이다. 그렇다면 결과는 어떠한가. 1인당 GRDP는 경남 최하위권에 머물러 있고, 인구는 34만 명 선이 붕괴되었다. 향토기업은 지역을 이탈하였고, 소멸위험지수는 0.5 수준에 근접했다. 이것이 '부강진주' 8년의 성적표다.

말과 현실의 간극이 이토록 컸던 적이 있었던가. 부강진주를 외치는 동안 진주는 점점 더 가난해졌고, 점점 더 약해졌다. 이유는 분명하다. 구호만 있고 실행이 없었기 때문이다. 꿈만 있고 실행할 능력이 없었기 때문이다. 생각만 있고 방법과 전략이 없었기 때문이다. 시장 개인이 아무리 열심히 뛰어도 중앙정부의 지원 없이는 한계가 있다. 결국 중앙정부의 예산과 사업을 끌어올 수 있는 네트워크와 정치력이 부족했던 것이다.

공무원 출신 시장의 한계는 여기서 드러난다. 행정은 잘할 수 있다. 예산을 집행하고, 조직을 관리하며, 민원을 처리하는 일은 공무원의 전문 영역이다. 그러나 그것은 현상을 유지하는데 머문다. 도시의 흐름과 운명을 바꾸는 것은 행정이 아니라 정치의 영역이다. 중앙정부로부터 예산과 사업을 확보하고, 대형 국책사업을 유치하며, 각종 규제를 풀어내는 일은 행정 능력만으로는 불가능한 정치의 영역이다.

8년의 시간은 다시 돌아오지 않는다. 그 시간 동안 진주가 잃어버린 것들 또한 쉽게 회복되지 않는다. 그렇다고 해서 탓만 하고 있을 수는 없다. 이제라도 방향을 바꿔야 한다. 진정한 의미의 부강진주를 만들 수 있는 리더십이 필요하다. 구호가 아니라 실적으로, 말이 아니라 결과로 증명할 수 있는 사람이 필요하다.

2004년부터 2012년까지 국회의원으로 활동하던 시기에 혁신도시 유치, LH 일괄 이전, 전국체전 유치, 코리아드라마페스티벌 신설, 유등축제의 국가대표 축제 승격이 이루어졌다. 이들 대형 사업 외에도 수백억, 수십억 원 규모의 각종 프로젝트가 다수 추진되었다. 혁신도시는 LH 남동발전 등 국가가 운영하는 주요 공기업 11곳을 진주로 이전시킨 사업이다. LH 일괄 이전은 전주에 분산되어 있던 토지공사를 통합해 진주로 옮긴 결정이었다. 이 모든 일이 8년이라는 기간 안에 이루어졌다. 다시 말하지만, 8년은 결코 짧은 시간이 아니다.

청년이 떠나고, 여성이 떠나고, 아이가 사라지는 도시

진주에서 청년을 마주치기가 점점 어려워지고 있다. 대학을 졸업하면 대부분 진주를 떠난다. 이 도시에서는 그들이 원하는 일자리를 찾기 힘들기 때문이다. IT 기업은 드물고, 대기업과 스타트업 생태계도 부족하다. 꿈을 펼칠 무대가 없는 도시에서 청년들이 머물 이유가 없다. 결국 그들은 서울로, 수도권으로, 더 큰 기회가 있는 곳으로 떠난다.

청년층이 빠져나가면 여성 인구도 함께 줄어든다. 배우자를 찾기 어려운 도시에서 젊은 여성들이 남아 있을 이유는 많지 않다. 결혼을 하더라도 육아 환경은 좋지 않다. 어린이집은 부족하고,

교육 인프라도 빈약하다. 문화생활을 즐길 공간도 마땅치 않다. 여성친화도시를 표방하지만 실상은 기대에 미치지 못하다. 젊은 여성 인구의 감소는 곧바로 출산율 하락으로 이어진다.

아이가 사라지는 도시는 미래가 없는 도시다. 학교가 폐교되고, 소아 청소년과는 하나 둘 문을 닫는다. 놀이터에는 아이들 대신 노인들이 앉아 있다. 진주의 많은 지역이 이미 이런 현실을 겪고 있다. 특히 원도심 지역은 고령화가 심각하다. 젊은 세대의 유출과 고령 세대의 잔류, 이 인구 구조의 불균형이 도시의 활력을 앗아가고 있다.

이 문제를 해결하려면 근본적인 접근이 필요하다. 청년들이 돌아오게 하려면 안정적인 일자리를 만들어야 한다. 여성들이 머물 수 있게 생활 환경을 개선해야 한다. 아이들이 태어나게 하려면 육아 지원도 강화해야 한다. 그러나 이 모든 조건의 전제는 경제 성장이다. 경제가 성장해야 양질의 일자리가 생기고, 세수가 늘어 복지와 인프라에 대한 투자가 가능해진다.

제3부

바보야,
문제는 경제야

모든 위기의 근본은 경제다

진주가 직면한 문제들을 나열해 보자. 인구 감소, 청년 유출, 유소년 인구 축소, 가임기 여성 인구 감소, 소멸 위기, 원도심 공동화, 향토기업 이탈. 이 다양한 문제의 분명한 공통분모가 있다. 바로 경제다. 경제가 어려우니 일자리가 없고, 일자리가 없으니 사람이 떠난다. 경제가 침체되니 상권이 죽고, 상권이 죽으니 도시가 활력을 잃는다. 모든 위기의 뿌리는 경제에 있다.

"바보야, 문제는 경제야It's the economy, stupid" 빌 클린턴의 유명한 선거 슬로건이다. 이 문장은 진주에도 그대로 적용된다. 문화도시, 교육도시, 충절의 도시. 진주를 수식하는 아름다운 말들이 많다. 그러나 경제가 무너지면 이 모든 수식은 공허해진다. 문화를 누릴 여유가 사라지고, 교육을 받아도 지역을 떠나야 하며, 충절의 정신만으로는 일상을 유지할 수 없다.

경제 위기는 다른 모든 위기를 연쇄적으로 불러온다. 경제가 어려워지면 시 재정도 함께 위축된다. 세수가 줄어들기 때문이다. 재정 여력이 줄어들면 복지와 교육, 문화, 인프라 전반에 대한 투자가 줄어든다. 그러면 주민들의 삶의 질은 떨어지고, 더 많은 사람들이 도시를 떠난다. 인구가 빠져나가면 경제는 더 어려워진다. 끝없는 추락의 나선이다.

이 악순환을 끊으려면 경제부터 살려야 한다. 다른 모든 정책은 경제 정책의 기반 위에 놓아야 한다. 기업을 유치하고, 일자리를 만들며, 투자를 이끌어내는 일이 최우선 과제가 되어야 한다. 그래야 세수가 늘고 재정 여력이 생기며, 다른 분야에도 투자할 수 있게 된다. 경제가 살아나야 나머지 문제들도 비로소 해결의 실마리를 찾을 수 있다.

소멸 위기 극복·여성친화·청년도시, 경제 없이는 공염불

진주시는 다양한 슬로건을 내세워 왔다. 소멸 위기 극복, 여성친화도시, 청년이 머무는 도시. 모두 바람직한 목표다. 누가 이 비전에 반대하겠는가. 그러나 문제는 실현 가능성이다. 경제적 기반 없이 이러한 목표를 달성할 수 있을까. 현실적으로 어렵다. 아무리 정교한 정책을 세워도 재원이 없으면 실행할 수 없다. 경제 없는 비전은 공염불에 그친다.

소멸 위기를 극복하려면 인구가 다시 유입되어야 한다. 사람들이 특정 도시로 이동하는 가장 큰 이유는 일자리다. 좋은 일자리가 있는 곳으로 사람이 모인다. 서울과 수도권으로의 인구 집중 현상이 이를 증명한다. 진주가 소멸 위기를 극복하려면 사람들이 찾아올 만한 일자리를 만들어야 한다. 복지 혜택을 아무리 확대해도 일자리가 없다면 사람은 정착하지 않는다.

여성친화도시 역시 마찬가지다. 여성들이 살기 좋은 도시는 안전하고, 생활이 편리하며, 문화생활을 즐길 수 있는 도시다. 그러나 이 모든 조건의 바탕에는 경제적 자립이 있다. 여성들이 안정적인 일자리를 얻을 수 있어야 한다. 경력 단절 없이 일과 육아를 병행할 수 있어야 한다. 이는 기업이 존재하고, 다양한 고용 기회가 열려 있어야 가능한 일이다.

청년이 머무는 도시를 만들겠다는 목표도 결국 경제의 문제다. 청년들은 기회를 찾아 움직인다. 창업할 수 있는 생태계, 꿈을 펼칠 수 있는 무대, 성장할 수 있는 환경, 이 모든 조건은 탄탄한 경제 기반 위에서만 형성된다. 청년 수당을 주고 공간을 만드는 것만으로는 부족하다. 청년들이 스스로 성장하고 성취할 수 있는 경제 생태계를 구축해야 한다.

성장잠재력과 기업 유치가 해법이다

진주 경제를 되살리는 방법은 명확하다. 성장잠재력을 키우고, 기업을 유치하는 것이다. 이론적으로는 단순하지만 실천은 쉽지 않다. 많은 지방자치단체가 기업 유치를 외치지만, 실제로 성과를 내는 곳은 많지 않다. 왜 그런가. 기업 유치는 시장이 열심히 발로 뛴다고 되는 일이 아니기 때문이다. 중앙정부의 지원, 규제 완화, 인프라 구축 등 복합적인 요인이 맞아떨어져야 가능하다.

성장잠재력은 미래를 위한 투자다. 당장의 효과는 없어도 10년, 20년 뒤를 내다보는 전략이 필요하다. 교육에 투자해 인재를 키우고, 연구개발을 통해 기술 경쟁력을 확보해야 한다. 진주에는 경상국립대학교라는 중요한 자산이 있다. 이 대학을 중심으로 산학협력을 강화하고, 연구 성과가 실제 산업으로 이어지는 시스템을 구축해야 한다. 이것이 진주의 성장잠재력이 된다.

기업 유치를 위해서는 투자 환경을 개선해야 한다. 불필요한 규제를 완화하고, 합리적인 인센티브를 제공하며, 산업 인프라를 확충해야 한다. 그러나 지방정부의 힘만으로는 한계가 있다. 규제 완화는 중앙정부의 권한이고, 대규모 인프라 투자 역시 국비 지원 없이는 불가능하다. 결국 중앙정부의 협조를 이끌어내야 한다. 이는 행정이 아닌 정치의 영역이다. 집권 세력과의 관계, 청와대와의 소통 능력이 중요해진다.

누구나 기업을 유치하겠다고 말한다. 그러나 누구나 해낼 수 있는 일은 아니다. 진주에도 혁신도시 유치와 LH 일괄 이전, 경남

서부청사 유치에 성공했던 시기가 있었다. 반대로 이미 갖고 있는 자산조차 제대로 지키지 못하고 핵심을 잃어버린 시절도 있었다. 사람은 말이 아니라 행동을 봐야 한다. 선언이 아니라 결과로 평가하는 것이다. 하겠다고 말한다고 일이 되는 것이 아니라, 실제로 해낼 수 있는 사람이 해야 한다. 중요한 것은 말이 아니라 성과다. 진주의 현대사는 누가 말하는 사람이고, 누가 일하는 사람인지 명료하게 드러내고 있다.

제4부

증명된 실력

혁신도시·LH·경남서부청사, 진주 100년 만의 쾌거

1925년 도청이 떠난 이후 진주가 무언가를 가져온 적이 있었던가. 100년의 역사를 돌아보면 진주는 계속 빼앗기기만 했다. 도청이 떠나고, 기업이 떠나고, 사람이 떠났다. 그런 진주에 마침내 변화가 찾아왔다. 혁신도시 유치, LH, 경남서부청사 유치. 이 세 가지는 진주 100년 역사에서 거의 유일하게 '가져온' 성과다.

혁신도시 유치는 진주의 운명을 바꾼 사건이다. 공공기관 이전을 통해 수천 명의 인구가 유입되었다. 한국토지주택공사LH, 한국산업안전보건공단, 한국세라믹기술원 등 11개 공공기관이 진주로 왔다. 이로 인해 신규 일자리가 창출되고, 연관 산업이 생겨났다. 혁신도시 덕분에 진주 인구가 일시적으로 증가하기도 했다. 100년 만에 처음 있는 일이었다.

LH 유치의 의미는 특별하다. LH는 대한민국 최대의 공기업 중 하나다. 직원 수가 1만 명에 달하고, 자산 규모는 수조 원에 이른다. 이런 대형 공기업이 진주로 온 것은 도시의 위상을 완전히 바꿔놓았다. LH 직원들과 그 가족들이 정착하면서 주변 상권이 활성화되고, 부동산 가치가 상승했다. 진주가 경남 서부권의 중심으로 자리매김하는 데 결정적인 역할을 했다.

경남도청 서부청사 유치 역시 경남도 서부부지사로 일할 때 이루어졌다. 경상남도의 서부권 행정을 담당하는 이 청사가 진주에 들어오면서 행정 중심지로서의 기능이 강화되었다. 이 세 가지 성과는 우연이 아니다. 일은 사람이 하는 것이다. 일하는 사람이 있으면 이루어진다. 일하는 사람이 없으면 있던 것도 없어진다. 세상은 늘 변하고 변화의 원동력은 힘이다. 힘이 있으면 가져오고 힘이 없으면 빼앗기는 것이 세상의 이치다.

"누구나 한다고 말한다. 그러나 아무나 해내지는 못한다"

정치인들의 공약을 들어보면 모두가 대단하다. 기업을 유치하겠다, 일자리를 만들겠다, 인구를 늘리겠다. 선거 때마다 비슷한 약속이 난무한다. 그러나 선거가 끝나고 나면 대부분의 공약은 흐지부지된다. 왜 그런가. 한다고 말하는 것과 실제로 하는 것은 완전히 다른 영역이기 때문이다. 의지만으로는 부족하다. 능력이 있어야 한다.

누구나 하겠다고 한다. 그러나 아무나 하는 것은 아니다. 이 말속에 정치의 본질이 담겨 있다. 공약은 누구나 할 수 있다. 비전을 제시하는 것도 어렵지 않다. 그러나 그것을 실현하는 것은 소

수만이 할 수 있는 일이다. 복잡한 이해관계를 조정하고, 중앙정부를 설득하고, 재원을 확보하는 것은 고도의 정치적 역량을 요구한다.

혁신도시 유치 과정을 보면 이것이 얼마나 어려운 일인지 알 수 있다. 모든 지자체가 혁신도시를 원했다. 치열한 경쟁이었다. 경남에서는 20개 시군 중 19개가 사활을 걸고 뛰었다. 도청소재지 창원, 저력의 도시 마산, 신흥 강자 김해 등 쟁쟁한 경쟁 도시들을 다 제치고 진주로 유치하기는 사실상 불가능하다고들 했다. 그런데도 성공했다.

한국토지주택공사LH 일괄 이전은 훨씬 어려웠다. 혁신도시가 확정된 것은 2005년이다. 주택공사H는 진주 혁신도시로, 토지공사L는 전주 혁신도시로 가기로 돼 있었다. 그런데 두 회사가 합쳐져 LH가 됐다. 통합은 됐지만 기득권이 있으니 공사라는 명칭 대신 본부라는 명칭으로 분산하는 것으로 정해졌다. 진주는 주택본부, 전주는 토지본부 하는 식이다.

청와대부터 국토부까지 만장일치였다. 혼자 분산을 반대하고 나섰다. 무모한 도전이라고 모두 혀를 찼다. 호남 제일도시 전주에 이미 가 있는 토지공사를 뜯어내 진주로 가져가겠다는 것이니 그럴 만도 했다. 그러나 성공했고 LH는 지금 진주에 있다.

이 일을 계기로 최구식 이름 석자가 청와대 행정부 국회 언론 등 대한민국 중심부에 각인됐다. 이후 KTX든 사천공항이든 지역 현안 문제 나올 때마다 “엄청난 이해당사자 있는 LH도 진주 주었는데 다른 일들은 당사자도 없지 않나”며 말을 시작했다. 아무리 큰 사업일지라도 LH 일괄 이전보다 더 어려운 문제는 없을 것이다. 이것이 지금까지 나라 일을 해 온 경험에서 나온 판단이다.

정치력이 곧 실행력이다

지방자치 시대에 시장의 역할은 무엇인가. 많은 사람들이 행정 능력을 먼저 떠올린다. 조직을 관리하고, 예산을 집행하고, 민원을 처리하는 능력. 물론 이것도 중요하다. 그러나 그것만으로는 도시의 운명을 바꿀 수 없다. 도시의 운명을 바꾸는 것은 정치력이다. 중앙정부에서 예산과 사업을 따오고, 대형 투자를 유치하는 것은 정치의 영역이다.

대한민국의 재정 구조상 지방정부의 자체 재원은 제한적이다. 국세와 지방세의 비율을 보면 중앙정부에 대부분의 세수가 집중되어 있다. 지방정부가 야심 찬 사업을 추진하려면 국비 지원이 필수적이다. 그런데 국비는 한정되어 있고, 모든 지자체가 원한다. 이 경쟁에서 우위를 점하려면 정치력이 있어야 한다. 정부 부처를 설득하고, 예산을 배정받아야 한다.

공무원 출신 시장의 한계가 여기서 드러난다. 행정 경험은 풍부할 수 있다. 그러나 중앙 정치와의 연결고리가 약하다. 국회의원들과의 네트워크, 정당 내에서의 영향력, 청와대와의 소통 채널. 이런 것들이 부족하다. 반면 정치인 출신은 이런 네트워크를 이미 갖추고 있다. 특히 집권 여당이라면 정부와의 협력이 훨씬 수월하다.

제5부

왜 집권여당인가

해수부 부산 이전이 증명한 집권여당의 힘

해양수산부의 부산 이전은 30년 넘게 이어져 온 숙원사업이었다. 역대 정권마다 추진 의지를 밝혔지만 매번 무산됐다. 그런데 이재명 대통령 취임 후 불과 두 달 만에 이전이 결정됐다. 이는 무엇을 의미하는가. 이재명 정부의 실천력이 얼마나 강력한지를 상징적으로 보여주는 사례다. 30년 동안 이루어지지 않던 일이 취임 두 달 만에 현실이 되었다. 이것이 바로 이재명 정권의 힘이다.

이 결과를 본 부산 시민들의 민심도 달라졌다. 그동안 야당 성향이 강했던 부산에서 민주당에 대한 지지가 높아졌다. 왜 그런가. 실제로 해내는 모습을 봤기 때문이다. 말이 아니라 결과로 보여줬기 때문이다. 정치는 결과로 평가받는다. 아무리 그럴듯한 공약도 실현되지 않으면 의미가 없다. 실현을 가능하게 하는 것은 결국 정권의 힘이다.

원고를 쓰고 있는 지금, 코스피 지수가 5000을 돌파했다는 보도가 나오고 있다.

이재명 대통령이 '코스피 5000'을 언급했을 때만 해도 많은 이들이 실현 불가능한 목표로 여겼다. 정치적 수사에 불과하다는 평가가 지배적이었다. 그러나 불과 반년 만에 현실이 됐다. 이재명 대통령 취임 당시 코스피는 2700선이었다. 시장의 회의적 시선을 뚫고 불과 6개월여 만에 두 배 가까이 상승한 것이다. 임기 말의 성과도 아니고, 취임 6개월여 만에 이룬 결과다.

코스피 5000 시대는 단기 정책 하나만으로 설명하기 어렵다. 기업 규제 완화, 혁신 산업에 대한 투자 확대, 금융시장 신뢰 회복 등 복합적인 변화가 작용했다는 평가가 나온다. 이재명 대통령은 이제 말이 아닌 결과로 말한다. 경제 정책에 대한 정치적 신뢰가 다시 형성되고 있다. 이는 실천력과 정치력이 결합된 성과로 평가된다.

진주 역시 다르지 않다. 2차 공공기관 이전, 우주항공 산업 육성, AI 거점 도시 조성, 대형 국책 사업 유치. 이런 과제들을 실현하려면 중앙정부의 전폭적인 지원이 필요하다. 그리고 그 지원을 이끌어내기 위해서는 집권 여당과의 연결이 중요하다. 야당 소속 시장이 아무리 성실하게 뛰어도 한계가 있다. 청와대의 문은 쉽게 열리지 않고, 정부 부처의 협조를 얻기도 어렵다.

해수부 부산 이전과 코스피 5000 달성은 우리에게 분명한 교훈을 준다. 원하는 결과를 얻으려면, 그것을 실제로 해낼 수 있는 사람이 되어야 한다. 집권여당 소속으로 대통령과의 관계가 원활하고, 당 지도부와의 네트워크가 좋아야 하며, 중앙정부와 언론이 인정하는 인물이어야 일이 되는 것이다. 그런 인물이 없을 때 어떤 일이 벌어지는지는 지금 진주의 현실이 똑똑히 보여 주고 있다.

공무원 출신의 한계, 야당의 한계

공무원 출신 시장에 대한 기대가 있다. 행정에 밝고, 실무에 능숙하며, 조직 관리 경험이 풍부하다는 강점이 있다. 이는 안정적인 시정 운영에 도움이 된다. 그러나 한계도 명확하다. 공무원은 주어진 틀 안에서 일하도록 훈련받은 사람들이다. 규정을 지키고 절차를 따르며, 위험을 최소화하는 데 익숙하다. 안정에는 적합하지만, 도시의 운명을 바꾸는 데에는 부족하다.

김재경 전 국회의원의 말은 정곡을 찌른다. 4선 국회의원으로 세 명의 민선 진주시장을 경험한 그는 이렇게 말했다.

"지금까지 진주시장은 대부분 공무원 출신이었다. 공무원 출신들이 시장을 하면 무난하게 일은 한다. 하지만 감각적으로 뭔가 큰 것을 찾고, 거기에 힘을 쏟고, 사업을 끌어오는 능력이 항상 부족하다고 느꼈다"

8년 동안 함께 일했던 최구식에 대해서는 다른 평가를 내렸다. “차원 높은 일솜씨를 보여줄 수 있을 것으로 기대한다. 혁신도시 유치 과정에서 함께 뛰면서 그의 추진력과 기획력을 직접 확인했다. 지금 진주는 세계적인 우주항공 도시로의 비약을 앞두고 있다. 이 시기야말로 최구식의 일솜씨가 꼭 필요한 시점이다”라고 말했다. 강한 인적 네트워크, 높은 평판, 치밀한 논리로 상대를 설득하고 조정하여 합의를 끌어내는 능력, 장애물을 돌파하는 능력이 탁월하다는 것이다.

도시의 운명을 바꾸려면 틀을 깨야 한다. 기존의 규제를 넘어서고, 관행을 바꾸며, 새로운 길을 개척해야 한다. 이런 일은 공무원적 사고방식만으로는 해내기 어렵다.

야당 소속이라는 점은 큰 제약이다. 현재 대한민국은 민주당 정권이다. 대통령도, 국회 다수당도 민주당이다. 이런 구조에서 야당 소속 시장이 중앙정부의 전폭적인 지원을 받기는 매우 어렵다. 물론 지방자치의 원리상 정당과 무관하게 공정한 지원이 이루어져야 한다. 그러나 현실은 그렇지 않다. 한정된 자원을 배분하는 과정에서 여당 지역이 우선시되는 것은 부인하기 어려운 현실이다.

국민의힘 소속 시장이 2차 공공기관 이전을 이끌어낼 수 있을까.

솔직히 말해서 매우 어렵다. 공공기관 이전은 정부 정책이며, 정부가 결정하고 예산을 배정한다. 야당 지역을 우선할 이유는 없다. 이것이 냉정한 현실이다.

2차 공공기관 이전, 정치로 풀어야 한다

1차 공공기관 이전을 통해 진주 혁신도시가 조성되었다. 11개 공공기관이 이전했고, 인구도 유입되었다. 그러나 그 효과를 충분히 살리지 못했다. 혁신도시 조성 당시에는 인구가 늘었지만, 이후 다시 감소세로 돌아섰다. 이유는 분명하다. 후속 투자가 이어지지 않았기 때문이다. 혁신도시를 기반으로 한 연관 산업 육성과 추가적인 기관을 유치하는 노력이 부족했다.

이제 2차 공공기관 이전이 논의되고 있다. 이것은 진주에게 다시 찾아온 기회다. 1차 이전의 경험을 바탕으로 이번에는 더 큰 효과를 거둘 수 있다. 혁신도시 인프라가 이미 구축되어 있고, 정착한 기관들의 운영 노하우도 축적되어 있다. 여기에 추가 기관이 들어오면 시너지 효과는 훨씬 커질 것이다. 관건은 2차 이전 대상 기관을 진주로 가져올 수 있느냐는 점이다.

진주시는 '공공기관 2차 이전 대응 태스크포스TF'를 구성해 대응하고 있다. 그런데 진주시 차원의 TF를 만든다고 해결될 문제는 아니다.

2차 공공기관 이전은 행정 문제가 아니라 정치적 결정이다. 어느 기관을 어느 지역으로 보낼지는 정부가 판단한다. 객관적인 기준이 있겠지만, 정치적 고려가 작용하지 않을 수 없다. 지역의 요구, 국회의원들의 역할, 집권당의 이해관계 등이 복합적으로 작용한다. 이 과정에서 유리한 위치를 차지하려면 무엇보다 정치력이 있어야 한다.

제2장

진주 대전환 대도약 —— 미래 100년의 청사진

제1부

진주·사천·산청, 대한민국 우주항공 수도로

우주항공청 개청, 새로운 100년의 기회가 열리다

2024년 우주항공청이 사천에 개청했다. 이것은 진주-사천-산청 지역에 새로운 100년의 기회가 열렸음을 의미한다. 우주항공 산업은 21세기 최고의 성장 산업이다. 전 세계적으로 우주 경쟁이 치열해지고 있다. 미국과 중국, 유럽은 물론 인도와 일본까지 우주 개발에 국가적 역량을 쏟고 있다. 한국 역시 이 경쟁에 뛰어들었고, 그 중심에 우주항공청이 있다.

우주항공청이 사천에 자리 잡은 것은 이 지역의 역사적, 지리적 조건 때문이다. 사천에는 대한민국 유일의 항공기 제조업체인 한국항공우주산업KAI이 있다. 수십 년간 축적된 항공산업 인프라와 전문 인력이 구축돼 있다. 여기에 우주항공청이 더해지면서, 명실상부한 국가 우주항공 중심지로 도약할 기반이 마련되었다. 진주는 이 기회를 결코 흘려보내서는 안 된다.

진주는 사천과 바로 인접해 있는 도시로, 사실상 하나의 생활권을 형성하고 있다. 우주항공청과 KAI 직원들 상당수가 진주에 거주하며 교육, 의료, 문화 인프라를 이용한다. 우주항공 산업이 성장하면 진주도 함께 성장한다. 그러나 수동적으로 기다려서는 안 된다. 적극적으로 우주항공 산업의 동반자가 되어야 한다. 진주가 가진 인적, 교육, 도시 자산을 우주항공 산업 발전과 전략적으로 연결해야 한다.

우주항공청 개청은 출발점에 불과하다. 이 기회를 어떻게 활용하느냐에 따라 지역의 미래가 달라질 수 있다. 관련 기업을 유치하고, 연구기관을 설립하고, 전문 인력을 양성해야 한다. 그러나 이 과제는 지방정부 단독으로 감당할 수 없다. 중앙정부의 지속적이고 강력한 지원이 필수적이다. 이를 끌어내기 위해서는 정치력이 필요하다. 집권 여당과의 긴밀한 협력이 그 핵심이다.

프랑스 툴루즈를 넘어서는 세계적 우주항공 클러스터

프랑스 툴루즈는 유럽 항공우주 산업의 수도로 불린다. 에어버스 본사가 위치해 있고, 유럽우주국ESA의 주요 시설도 자리 잡고 있다. 인구 50만 명 규모의 중소도시가 세계적인 항공우주 허브로 성장한 것이다. 툴루즈의 성공 비결은 무엇인가. 산업, 연구, 교육이 유기적으로 결합된 구조다. 기업과 대학, 연구소가 긴밀히 협력하여 혁신을 만들어낸다.

진주-사천-산청 역시 툴루즈 모델을 따라야 한다. 이미 기본 조건은 갖춰져 있다. 사천에는 KAI와 우주항공청이 있고, 산청에는 관련 부품·소재 기업들이 있다. 진주에는 탄탄한 교육·연구

기반인 경상국립대학교가 있다. 이 세 도시가 협력하면 대한민국 최고의 우주항공 클러스터를 만들 수 있다. 더 나아가 툴루즈를 넘어서는 세계적인 클러스터가 될 수 있다.

이 과정에서 경상국립대학교의 역할이 중요하다. 우주항공 관련 학과를 신설하고, 전문 연구센터를 설립해 우주항공 전문 인력을 양성하는 것이다. 대학에서 양성된 인재가 KAI와 우주항공청에 취업하고, 경험을 쌓은 뒤 창업으로 이어지는 선순환 구조가 만들어져야 한다. 미국 실리콘밸리가 스탠퍼드대학을 중심으로 성장한 것처럼, 이 지역 역시 경상국립대를 중심으로 새로운 산업 생태계로 성장할 수 있다.

관광산업과의 연계도 중요하다. 우주항공은 대중의 관심이 높은 분야다. 우주선 발사, 항공기 시험비행 등은 그 자체로 관광 콘텐츠가 된다. 미국 케네디우주센터가 연간 수백만 명이 방문하는 관광지인 것처럼, 진주-사천-산청 지역도 우주항공 관광의 중심지가 될 수 있다. 우주과학관, 항공박물관, 체험 시설 등을 조성하면 전국에서 관광객이 찾아올 것이다.

사천·산청과의 광역 협력체계 구축

우주항공 산업의 발전을 위해서는 진주, 사천, 산청의 협력이 필수적이다. 단일 도시의 역량만으로는 충분한 규모를 갖추기 어렵다. 세 도시가 힘을 합쳐야 세계적인 경쟁력을 가질 수 있다. 그러나 현재 세 도시 간의 협력은 여전히 제한적이다. 이해관계가 다르고, 이를 조정할 메커니즘은 부족하다. 이제는 구조를 바꿔야 한다.

광역 협력체계 구축의 첫 번째 단계는 공동 비전 수립이다. 세 도시가 함께 우주항공 산업 발전에 대한 계획을 마련해야 한다. 역할 분담을 명확히 하고, 중복 투자를 방지하며, 시너지를 극대화해야 한다. 사천은 제조와 연구, 진주는 교육과 서비스, 산청은 부품과 소재. 이런 식으로 역할을 나누면 협력이 쉬워진다.

두 번째는 공동 기구 설립이다. 세 도시의 우주항공 관련 업무를 조율하는 협의체가 필요하다. 여기에 시장들이 직접 참여하고, 실무진이 상시 협력하는 구조여야 한다. 공동 마케팅, 공동 투자 유치, 인력 양성 프로그램도 이 틀 안에서 추진할 수 있다. 중앙 정부를 향한 건의 또한 공동 대응할 때 훨씬 설득력이 커진다.

세 번째는 교통 인프라 확충이다. 세 도시가 하나의 생활권이 되려면 교통이 편리해야 한다. 광역버스 노선을 확충하고, 중장기적으로는 도시철도 연결도 검토해야 한다. 사람과 물자가 자유롭게 오가야 진정한 클러스터가 형성된다. 인프라 투자는 중앙정부의 지원 없이는 어렵다. 다시 정치력의 문제로 귀결된다.

우주항공 관광산업의 메카, 남부권 중심도시로 도약

우주항공 산업은 제조업에 그치지 않는다. 관광산업으로서의 확장 가능성도 매우 크다. 전 세계적으로 우주항공 관광은 빠르게 성장하고 있다. 미국의 케네디우주센터, 스미소니언 항공우주박물관, 프랑스 툴루즈의 에어버스 견학 프로그램은 모두 대표적 사례다. 한국에는 아직 이와 같은 거점이 없다. 진주-사천-산청이 그 빈자리를 채울 수 있다.

우주항공 관광의 콘텐츠는 다양하다. 우주과학관에는 인공위성, 로켓, 우주정거장의 모형을 전시하고, 우주 체험 시뮬레이터를 운영할 수 있다. 어린이들의 우주 꿈을 키워주는 교육 공간이 될 것이다. 항공박물관에는 KAI에서 생산한 항공기들의 역사를 전시하고, 조종사 체험 프로그램을 운영할 수 있다.

더 나아가 KAI 공장 투어, 우주항공청 시설 견학을 제한적으로 운영하는 것도 가능하다. 항공기 조립 과정이나 위성 발사 준비를 직접 보는 경험은 그 어디서도 할 수 없는 특별한 경험이 될 것이다.

이러한 관광 인프라가 갖춰지면 진주는 남부권의 핵심 관광도시로 도약할 수 있다. 지리산, 한려수도, 진양호 등 기존의 자연 관광자원에 우주항공 콘텐츠가 더해지는 것이다. 관광객 증가로 숙박, 외식, 쇼핑 등 연관 산업이 성장하고, 이는 다시 일자리 창출과 지역 경제 활성화로 이어진다. 우주항공 산업은 제조업을 넘어 진주 경제 전체를 견인하는 동력이 될 수 있다.

집권 민주당의 전폭적 지원, 이것이 정치력이다

우주항공 산업 육성은 국가 전략이다. 중앙정부가 주도하고 대규모 예산이 투입된다. 지방정부가 이 흐름에 올라타려면 중앙정부와의 긴밀한 협력이 필수적이다. 그렇다면 누가 중앙정부와 더 잘 협력할 수 있는가. 답은 분명하다. 집권 여당 소속이 압도적으로 유리하다.

현재 대한민국의 우주항공 정책은 이재명 정부가 추진하고 있다. 우주항공청 설립과 관련 예산 확대 역시 민주당 정권의 결정이다. 이 정권이 진주-사천-산청을 우주항공 클러스터로 육성하는 데 전폭적으로 지원하게 하려면 어떻게 해야 하는가. 이 지역이 민주당의 텃밭이 되어야 한다. 민주당 소속 시장이 있어야 한다.

여당 시장은 대통령과 직접 소통하고, 관계 부처 장관들과 협의하며, 당 지도부의 지원을 받을 수 있다. 우주항공 관련 예산을 이 지역에 집중시키도록 요청할 수 있다. 규제 특례를 건의하고, 특별법 제정을 추진할 수 있다. 이것이 정치력이다. 야당 시장이 백 번 요청해도 풀리지 않는 문제를 여당 시장은 한 번에 해결할 수 있다.

물론 정치력만으로 모든 것이 해결되지는 않는다. 지역의 준비와 역량이 뒷받침되어야 한다. 그러나 역량이 있어도 정치적 지원이 없으면 빛을 보지 못한다. 진주-사천-산청 지역은 우주항공 산업을 위한 충분한 잠재력을 갖추고 있다. 지금 필요한 것은 그 잠재력을 현실로 바꿀 정치력이다.

제2부

진주역세권·정촌,
영남 최고의 신도시로

진주역세권 개발, 서부경남의 관문을 열다

진주역은 교통의 요충지다. 진주에서 대전을 잇는 KTX가 개통되면서 서울과 2시간대 생활권으로 연결될 것이다. 그러나 이에 걸맞은 역세권 개발은 아직 미흡하다. 역 주변은 여전히 낙후되어 있고, 유동 인구에 비해 상권 형성도 충분하지 않다. 전국 주요 도시들이 역세권 개발에 속도를 내는 동안, 진주역세권은 오랫동안 방치되어 왔다. 이제 이 잠재력을 깨워야 할 시점이다.

역세권은 도시 발전의 핵심 동력이다. 사람과 물자가 모이는 곳이기 때문이다. 서울역, 부산역, 대전역 주변을 보라. 초고층 빌딩이 들어서고, 대형 상업시설이 입점해 있다. 그곳이 그 도시를 대표하는 얼굴이 된다. 진주역세권도 그렇게 바뀌어야 한다. 진주를 방문하는 사람들이 역에 내려서 첫눈에 '여기가 발전하는 도시구나!'라고 느낄 수 있어야 한다.

진주역세권 개발의 핵심은 복합 개발이다. 상업, 업무, 주거, 문화 기능을 하나로 묶는 것이다. 역사를 현대화하고, 인근에 오피스 빌딩과 호텔을 건설한다. 컨벤션 센터를 유치하여 각종 회의와 전시를 개최할 수 있는 기반을 마련한다. 지하에는 대형 쇼핑몰을 조성하고, 지상에는 문화예술 공간을 만든다. 이런 복합 개발이 이뤄지면 역세권은 새로운 도심으로 부상한다.

역세권 개발은 곧 서부경남의 관문을 여는 일이다. 진주는 서부경남의 중심 도시다. 사천, 남해, 하동, 산청, 함양, 거창 등 주변 시군의 주민들이 진주로 모인다. 진주역은 이들의 관문이다. 역세권이 활성화되면 서부경남 전체의 발전을 견인할 수 있다. 주변 지역에서 진주로 오는 사람들에게 최고의 서비스를 제공하는 중심지가 되는 것이다.

정촌 신도시, 미래 100년을 설계하다

정촌 지역은 진주에 남은 마지막 대규모 개발 가능지다. 평탄한 농경지가 넓게 펼쳐져 있고, 교통 접근성도 좋다. 여기에 새로운 신도시를 건설하면 진주의 미래 100년을 설계할 수 있다. 기존 시가지의 한계를 극복하고, 첨단 계획도시의 모델을 만들어내는 것이다. 정촌 신도시는 진주 도시 역사의 새로운 장을 열 프로젝트가 될 수 있다.

신도시 개발은 단순한 주택 공급이 아니다. 새로운 삶의 방식을 제시하는 일이다. 정촌 신도시는 스마트시티로 조성되어야 한다. 자율주행차가 다니고, 사물인터넷IoT으로 모든 것이 연결되며, 탄소중립을 실현하는 친환경 도시. 대한민국 어디에도 없는 미래형 도시를 만드는 것이다. 이는 기술의 문제만이 아니라 비전의 문제다. 과감하고 장기적인 비전을 가진 리더십이 필요하다.

정촌 신도시의 핵심은 직주 근접이다. 베드타운이 되어서는 안 되고, 주거지 가까이에 일터가 있어야 한다. 첨단산업단지와 연구단지를 함께 조성해, 신도시 안에서 일하고 생활할 수 있는 구조를 만들어야 한다. 혁신도시와 연계하여 공공기관 종사자의 주거지로도 활용하고, 새로 유치하는 기업들의 터전으로 만들어야 한다.

정촌 신도시 개발에는 막대한 재원이 필요하다. LH와 같은 공공개발자가 참여해야 하고, 중앙정부의 지원도 필수적이다. 다행히 LH 본사가 진주에 있다. 이 이점을 최대한 활용해야 한다. LH가 정촌 신도시 개발에 주도적으로 참여하도록 이끌어야 한다. 이것 역시 행정이 아닌 정치력의 영역이다. 정부와 공기업을 설득할 수 있는 역량이 필요하다.

혁신도시·역세권·정촌을 잇는 성장 트라이앵글

진주의 도시 발전 전략은 세 축으로 정리된다. 혁신도시, 진주역세권, 정촌 신도시. 이 세 지역이 진주 성장의 삼각 편대다. 각각의 역할이 다르지만 서로 연결되어 시너지를 만든다. 혁신도시는 공공기관 중심의 안정적 성장 축이고, 역세권은 상업과 교통의 관문이다. 정촌은 미래 산업과 신주거의 거점으로, 세 지역은 각기 다른 역할과 강점을 지니고 있다.

이 세 지역을 물리적으로, 그리고 기능적으로 연결하는 핵심은 교통 인프라다. 단순한 도로 확장이 아니라, 사람들의 일상 이동 패턴을 바꾸는 대중교통 중심의 연결 전략이 필요하다. 세 지역을 순환하는 간선급 버스 노선을 확충해 이동 시간을 단축하고, 환승 부담을 줄여야 한다. 장기적으로는 경전철이나 간선급행버스체계BRT 도입도 검토해야 한다. 사람과 정보가 빠르게 오갈 때 비로소 하나의 성장 권역이 형성된다. 교통은 단순한 이동 수단이 아니라 도시 경쟁력을 좌우하는 기반 인프라다.

성장 트라이앵글이 완성되면 파급 효과는 크다. 한 지역의 발전이 다른 지역에 파급된다. 혁신도시 종사자들은 퇴근 후 역세권에서 소비와 문화생활을 즐긴다. 정촌에 입주한 첨단 기업들은 혁신도시의 연구기관, 공공기관과 협력하며 기술과 인재를 공유한다. 역세권의 컨벤션 센터와 문화시설에서는 전국 단위의 행사와 전시, 학술대회가 열리고, 외부 인구가 유입되며 도시의 위상도 함께 높아진다. 이렇게 세 지역의 기능이 서로 맞물릴 때 진주는 성장하게 된다.

이러한 성장 트라이앵글 전략을 실현하려면 종합적인 도시계획 능력이 필요하다. 개별 사업을 따로따로 추진해서는 시너지가 나지 않는다. 교통, 산업, 주거, 문화, 교육 정책을 하나의 큰 그림 속에서 조망하고, 각 사업을 유기적으로 연결해야 한다. 이것은 단순한 행정 능력을 넘어서는 것이다. 비전을 제시하고, 시민과 기업, 공공기관 등 다양한 이해관계자들을 설득하며, 재원을 확보하는 종합적인 역량이 필요하다. 진주의 미래 10년, 20년을 내다보는 안목과 결단력을 갖춘 사람, 바로 그런 사람이 시장이 되어야 한다.

제3부

진주의 미래,
대한민국 은퇴 수도

은퇴 천국 진주 브랜드 구축

대한민국은 빠르게 고령화되고 있다. 베이비붐 세대가 은퇴를 시작했고, 앞으로 수십 년간 은퇴 인구는 크게 늘어날 것으로 전망된다. 이들은 어디서 노후를 보낼 것인가. 서울과 수도권의 높은 생활비는 감당이 어렵다. 보다 쾌적한 환경에서 편안한 노후를 보내고자 하는 수요도 증가하고 있다. 이러한 흐름은 진주에게 큰 기회가 될 수 있다. 은퇴자들에게 매력적인 도시, 대한민국 은퇴 수도로 자리매김할 가능성이 있다.

진주는 은퇴자들에게 비교적 이상적인 조건을 갖추고 있다.

첫째는 의료다. 경상국립대학교병원을 비롯한 양질의 의료 인프라가 갖춰져 있다. 나이가 들수록 의료 접근성이 중요해지는데, 진주는 이 측면에서 강점을 가진다.

둘째는 자연환경이다. 지리산, 남강, 진양호 등 수려한 자연환경이 가까이에 있다. 맑은 공기와 깨끗한 물은 건강한 노후 생활의 중요한 조건이다.

셋째는 기후다. 진주는 전반적으로 온화한 기후를 가지고 있다. 겨울에도 눈이 거의 내리지 않아 고령층의 일상 활동에 상대적으로 부담이 적다. 여름의 더위도 내륙 분지 지역인 대구에 비하면 덜하다. 사계절 내내 쾌적하게 지낼 수 있는 곳이다.
넷째는 먹거리다. 경남 서부권의 풍부한 농수산물이 진주로 유입된다. 신선한 재료로 만든 건강한 음식을 합리적인 가격으로 즐길 수 있다.

은퇴 천국 이미지를 구축하려면 전략적인 마케팅이 필요하다. 서울과 수도권의 예비 은퇴자들을 타겟으로 진주의 강점을 알려야 한다. '진주에서 한 달 살기' 같은 체험 프로그램을 운영하는 것도 하나의 방안이다. 은퇴 후 정착을 고려하는 사람들이 직접 와서 살아보며 판단하게 하는 방식이다. 실제 체류 경험은 정착을 결정하는 데 긍정적인 영향을 미칠 가능성이 높을 것이다.

의료·자연·먹거리·교통, 완벽한 조건

은퇴자들이 정착지를 선택할 때 고려하는 요소는 명확하다. 의료, 자연환경, 먹거리, 교통. 이 네 가지다. 진주는 이 네 가지 요소를 고르게 갖추고 있는 편이다. 이런 조건을 동시에 충족하는 도시는 드물다. 이는 진주의 경쟁력으로 평가할 수 있다. 이 장점을 제대로 알리기만 하면 된다.

의료 인프라를 살펴보면, 진주에는 경상국립대학교병원이 위치해 있다. 경남 서부권 유일의 권역 응급의료센터다. 상당수의 질환은 진주 지역 내에서 진료가 가능하다. 복잡한 수술이 필요한 경우에도 지역 내에서 양질의 의료 서비스를 받을 수 있다. 개원가도 형성되어 있어 일상적인 건강 관리가 편리하다. 의료 접근성 측면에서 진주는 일정 수준 이상의 경쟁력을 갖추고 있다.

자연환경 역시 중요한 요소다. 지리산 국립공원이 인접해 있어 산행과 자연 체험을 즐길 수 있다. 남강은 도심을 가로지르며 시민들에게 휴식 공간을 제공한다. 진양호는 수상 레저 관광 자원으로 활용 가능성이 있다. 조금만 나가면 남해가 있다. 산과 강, 호수와 바다를 함께 누릴 수 있는 환경은 자연을 가까이 두고 싶은 은퇴자들에게 매력적인 조건이다.

먹거리 또한 진주의 강점 중 하나다. 진주는 예로부터 '맛의 도시'로 불렸다. 진주냉면, 진주비빔밥 같은 향토 음식이 대표적이다. 남해와 사천의 싱싱한 해산물, 산청과 함양의 청정 농산물이 진주 시장으로 공급된다. 건강한 식재료를 활용하여 맛있는 음식을 즐길 수 있다는 점은 노후 삶의 질에 긍정적인 영향을 준다.

KTX 2시간, 서울과 연결된 힐링시티

은퇴자들이 지방 정착을 꺼리는 가장 큰 이유 중 하나는 서울과의 접근성이다. 자녀들이 대부분 서울이나 수도권에 거주하는 경우가 많기 때문이다. 아무리 살기 좋은 곳이라도 자녀들을 만나러 갈 때마다 과도한 시간이 걸린다면 부담이 될 수 있다. 이 점에서 진주는 강점을 가진다. KTX가 개통되어 서울까지 2시간 내외로 이동이 가능하다.

2시간이라는 거리는 심리적으로 매우 중요한 기준이 된다. 당일 방문이 가능한 거리이기 때문이다. 서울에 거주하는 자녀가 주말에 부모님을 방문할 수 있고, 진주에 거주하는 부모 역시 비교적 수월하게 수도권을 오갈 수 있다. 완전히 단절된 생활권이 아니라, 지속적으로 연결된 생활권이라는 인식을 제공한다. 이는 정착 여부를 판단하는 데 영향을 미칠 수 있다.

KTX 접근성만으로 차별성이 완성되는 것은 아니다. 비슷한 거리에 있는 도시들도 있다. 그러나 의료, 자연환경, 먹거리까지 함께 고려하면 진주는 경쟁력을 가진 사례로 볼 수 있다. 단순히 서울과 가깝다는 것만으로는 부족하다. 도착 이후 생활 여건이 중요하다. 진주에는 자연 환경과 의료 인프라, 생활 편의 요소가 함께 갖춰져 있다.

앞으로 KTX 서비스는 추가적인 개선 가능성이 있다. 열차 배차 간격이 줄고, 소요 시간도 단축될 수 있다. 진주역세권이 개발되면 역에서 내려 바로 편리한 도시 서비스를 이용할 수 있게 된다. 서울과 연결된 힐링시티, 이것이 진주의 새로운 정체성이 될 수 있다. 은퇴자들에게 '서울 가까이, 자연 속에서'라는 매력적인 선택지를 제안할 수 있다.

인구 유입형 도시로의 대전환

지금까지 진주는 인구 유출형 도시였다. 성장 과정에서 많은 인구가 태어나서 자라고, 교육과 일자리를 이유로 수도권으로 이동했다. 그 결과 고령 인구 비중이 빠르게 높아졌다. 이러한 흐름을 바꿔야 한다. 인구가 유입되는 도시 구조로 전환해야 한다. 은퇴자 유치는 그 전환의 핵심 전략이다.

은퇴자 유입은 여러 효과를 가져올 수 있다. 우선 직접적인 인구 증가다. 은퇴자가 정착하면 배우자도 함께 생활하는 경우가 많고, 자녀 방문도 증가한다. 공식적인 인구 통계에 반영되지 않더라도 실질적인 유동 인구가 늘어난다.

둘째, 소비 증가다. 은퇴자들은 대체로 연금과 자산을 바탕으로 안정적인 소비를 이어가는 경우가 많아 지역 경제를 활성화시키는데 기여할 수 있다.

셋째, 의료와 돌봄 산업의 성장이다. 고령 인구가 늘면 의료 서비스 수요가 증가한다. 요양시설, 돌봄 서비스 등 실버산업이 발달한다. 이는 관련 산업과 일자리 확대로 이어질 수 있다. 일부 청년들에게는 새로운 고용 기회가 될 수 있다. 은퇴자 유입이 지역 산업 구조에 변화를 주는 선순환으로 이어질 가능성이 있다.

마지막으로 도시 활력 측면이다. 고령화 자체는 피할 수 없지만, 활동적인 고령 사회는 가능하다. 건강하고 활동적인 은퇴자들이 유입되면 도시에 새로운 에너지가 생긴다. 이들은 자원봉사를 하고, 문화 활동에 참여하며, 지역사회에 기여한다. 경험과 지혜를 가진 이들이 진주를 더 풍요롭게 만들 수 있다. 인구 유입형 도시로의 전환, 이것이 진주의 미래 전략이다.

제4부

진주 도약 4대 프로젝트

2차 공공기관 유치

1차 공공기관 이전으로 진주 혁신도시가 조성되었다. 11개 기관이 이전했고, 일정 규모의 인구가 유입되었다. 그러나 그것으로 끝이 아니다. 현재 2차 공공기관 이전이 논의 단계에 있다. 이번 기회를 놓쳐서는 안 된다. 가능하다면 1차 때보다 더 많은 기관을 유치해야 한다. 1차 이전의 성공을 바탕으로 2차 이전에서도 유리한 위치를 점해야 한다.

2차 이전 대상 기관 중 진주와의 연계 가능성이 거론되는 분야들이 있다. 우선 농업 관련 기관이다. 진주는 전통적으로 농업이 발달한 지역이며, 경상국립대학교에는 농업생명과학대학이 있다. 농촌진흥청 산하 기관이나 농업 관련 공공기관이 이전할 경우 시너지 효과를 기대해 볼 수 있다.

둘째는 환경 관련 기관이다. 남강 수질 관리, 지리산 생태 보전 등 환경 분야의 정책 수요가 존재한다는 점에서 관련 기관과의 연계 가능성이 크다.

셋째는 주택·도시 관련 기관이다. LH 본사가 이미 진주에 있다. 관련 연구기관이나 정책기관이 함께 모이면 정책 협업과 연구 측면에서 효율성이 높아진다. 주택도시보증공사, 한국토지주택공사 산하의 연구 조직 등이 대상이 될 수 있다. 넷째는 안전 관련 기관이다. 현재 한국산업안전보건공단이 진주에 있고, 관련 분야 기관들을 추가로 유치하면 안전산업의 중심지가 될 수 있다.

1차와 마찬가지로 2차 공공기관 유치 역시 최종 결정은 정부가 한다. 결국 정치력 싸움이다. 많은 지자체가 경쟁에 나설 것으로 예상되며, 1차 때 실패한 곳은 더욱 거세게 달려들기 때문에 경쟁은 더 치열해질 것이다. 하지만 공공기관 이전의 기본 구조와 판단 기준은 1차와 크게 다르지 않다. 진주는 1차 이전을 유치한 경험이 있다. 당시에도 불가능하다는 평가가 많았지만, 결국 결과를 만들어냈다. 이러한 경험은 2차 이전 논의 과정에서도 자산이 될 수 있다. 처음이 가장 어렵지, 한 번 경험을 쌓으면 다음 단계는 상대적으로 수월해질 수 있다. 그런 점에서 2차 이전은 오히려 더 현실적인 과제가 될 수 있다. 다만 조건이 있다. 실제로 그 과정을 겪어본 사람이 추진할 때 그렇다는 것이다. 당시에는 야당 소속으로도 성과를 만들어냈다. 집권여당 소속으로 추진한다면 상황은 훨씬 나아질 것이다.

진양호 대개발

진양호는 진주를 대표하는 자연의 보물이다. 맑은 물과 아름다운 풍광, 도심과의 접근성을 동시에 갖추고 있다. 이러한 조건을 갖춘 호수가 대도시 인근에 있는 경우는 드물다. 다만 진양호의 잠재력은 충분히 활용되지 못하고 있다. 현재까지 상수원 보호구역으로 묶여 개발이 제한되어 있기 때문이다.

진양호 주변 개발 논의의 핵심 전제는 상수원 이전이다. 현재 진양호는 진주시 상수원으로 사용되고 있으며, 이로 인해 상수원 보호구역으로 지정되어 있어 개발이 엄격히 제한되어 있다. 만약 상수원 기능을 다른 곳으로 분산·이전하면, 보호구역 관리 방식 역시 재검토 대상이 될 수 있다. 그 경우 호수 주변을 개발하여 레저·숙박·상업 시설 등을 조성하는 가능성도 논의될 수 있다. 진양호가 관광과 레저의 중심지로 변모할 수 있는 것이다.

이와 관련해 기후대응댐 건설은 과거부터 여러 차례 검토되어 온 사안이다. 진양호 상류에 기후대응댐을 건설하여 상수원으로 활용하자는 것이다. 이 방안이 현실화될 경우 깨끗한 수자원 확보 측면에서 장점이 있을 수 있으며, 동시에 진양호 활용 범위 확대에 대한 논의도 가능해진다.

기후대응댐 건설과 진양호 개발은 국가 차원의 초대형 정책 과제에 해당한다. 예산의 규모가 크고, 환경부·국토교통부·수자원공사 등 여러 중앙부처가 관여한다. 수질·생태·환경 문제와 직결

진양호 전경

되어 있어 사회적 합의가 필수적이며, 지역 주민 설득 또한 중요한 과제다. 지금까지 여러 대형 수자원 프로젝트들이 경제적 타당성에도 불구하고 이러한 이유로 장기간 표류하거나 무산된 사례들이 있다.

이해관계자가 워낙 많기 때문에, 합의를 끌어내기 위해서는 높은 수준의 조정 능력과 신뢰가 요구되는 난제다. 중앙정부와의 협의 능력, 중앙과 지방을 연결하는 네트워크, 명확한 논리와 설득력 등을 갖추어야 한다. 무엇보다도 장기간 논의를 이끌어갈 수 있는 인간적 신뢰가 필요한 일이다.

원도심 재생과 용적률 완화

진주 원도심이 죽어가고 있다. 한때 번화했던 중앙시장 일대와 대안동 상권이 쇠락했다. 젊은 인구는 혁신도시나 신시가지로 이동했다. 그 결과 고령 인구 비중이 높아지고, 빈 점포와 노후 건축물은 늘어나고 있다. 이른바 원도심 공동화 문제다. 이대로 두면 도시의 심장이 멎는다. 원도심 재생은 진주의 시급한 과제다.

원도심 재생의 핵심은 규제 완화다. 특히 용적률 제한이 사업성 확보의 걸림돌로 지적된다. 현재는 낡은 건물을 철거하고 재건축을 추진하려 해도, 층수와 용적률 제한으로 사업성이 나오지 않으니 재건축·재개발이 안 된다. 법에 저촉되지 않는 범위 내에서 용적률 제한을 최대한 풀어야 한다.

민간 자본만으로는 쇠락한 지역을 살리기 어렵기 때문에 공공의 선도 투자가 필요하다. 시에서 먼저 공공시설을 짓고, 거리 환경을 개선해야 한다. 여건을 먼저 개선해야 민간 투자가 뒤따를 수 있다. 이를 위한 재원 확보가 문제인데, 중앙정부의 도시재생 뉴딜 사업 등을 적극적으로 연계할 필요가 있다. 이러한 정책 연계 역시 중앙과의 협력 역량이 중요하다.

소각장·하수종말처리장 문제 해결

소각장과 하수종말처리장은 모든 도시에 필요한 시설이다. 그러나 내 집 앞에는 안 된다는 님비NIMBY 현상 때문에 입지 선정이 어렵다. 진주 역시 오랫동안 이 문제를 둘러싼 갈등을 겪어왔다. 기존 시설은 노후화되고, 새 시설 건설은 주민 반대로 막혀 있다. 이 문제를 해결하지 않으면 도시 기능이 마비될 수 있다.

소각장 문제를 보면, 정부는 단계적으로 매립 의존도를 줄이고 소각 비중을 확대하는 정책을 추진 중이다. 이에 따라 진주도 중·장기적으로 소각 처리 역량 확보가 필요하다. 그러나 신규 소각장 부지 선정은 주민 반대로 쉽지 않은 상황이다. 이러한 문제는 단순한 행정 처리만으로 해결되기 어렵다.

어느 지역도 소각장이나 처리시설을 선뜻 받아들이기 어렵다는 점은 이해할 수 있다. 따라서 문제 해결의 핵심은 설득과 보상이다. 주민들에게 충분한 정보 공개, 환경 안전성 확보, 합리적인 보상이 함께 제공되어야 한다.

하수종말처리장 역시 마찬가지다. 남강 수질 보호를 위해서는 기존 처리장의 용량 확충이나 신규 시설 건설이 필요하다. 현대 기술의 발달로 악취나 오염 문제를 상당 부분 줄일 수 있지만,

여전히 주민들의 거부감이 존재한다. 지속적인 소통과 합리적인 보상 체계가 필요하다.

이러한 님비 문제는 행정력만으로는 한계가 있다. 이해관계가 첨예하게 대립하기 때문이다. 이를 조정하고 사회적 합의를 이끌어 낼 정치적 리더십이 요구된다. 시장이 직접 주민들을 만나 갈등 조정 과정에 참여하고, 중앙정부 지원을 연계해 충분한 보상 재원을 확보해야 한다. 복잡한 도시 문제를 해결하기 위해서는 종합적인 정치 역량이 필요하다.

제5부

경상국립대와 함께,
대한민국 AI 중심도시로

경상국립대, 진주 미래 산업의 핵심 엔진

경상국립대학교는 진주가 가진 가장 큰 자산이다. 국립대학교로서의 위상, 탄탄한 교수진, 폭넓은 학과 구성까지 매년 수천 명의 인재가 이곳에서 배출된다. 그러나 졸업생 대부분이 진주를 떠난다. 이 도시에 마땅한 일자리가 없기 때문이다. 대학은 있지만, 도시 발전으로 이어지지 못하는 역설적인 상황이다.

이 구조를 바꿔야 한다. 경상국립대가 진주 경제 성장의 실질적인 엔진이 되어야 한다. 대학의 연구 역량이 산업으로 연결되고, 졸업생들이 이 지역에서 창업하고 취업할 수 있는 생태계를 만들어야 한다. 미국 실리콘밸리가 스탠퍼드대를 중심으로 성장한 것처럼, 진주 역시 경상국립대를 축으로 혁신 생태계를 구축할 수 있다.

그 핵심은 산학협력이다. 대학의 연구 성과가 기업으로 이전되고, 기업의 현장 수요가 다시 대학 연구에 반영되는 선순환 구조가 필요하다. 이를 위해 경상국립대에 산학협력단을 강화하고, 기업과의 공동 연구를 대폭 확대해야 한다. 시 차원의 정책적 지원도 뒤따라야 한다. 산학협력에 참여하는 기업에 세제 혜택을 제공하고, 공동 연구 공간을 마련하는 방식이 가능하다.

대학 주변에는 혁신 클러스터를 조성해야 한다. 실험실 창업을 지원하는 인큐베이터, 스타트업을 육성하는 액셀러레이터, 성장 단계 기업을 위한 산업단지가 유기적으로 연결되어야 한다. 학생 시절에는 아이디어를 키우고, 졸업 후 창업하며, 이후에는 진주의 중견기업으로 성장하는 경로를 만들어야 한다. 경상국립대가 진주의 미래를 키우는 엔진이 되는 것이다.

경상국립대학교 드론 전경

(출처: 경상국립대학교)

AI 연구·교육 허브 구축

인공지능AI은 21세기를 규정하는 핵심 기술이다. 제조업과 서비스업은 물론 농업과 의료까지 AI가 적용되지 않는 산업을 찾기 어렵다. AI 역량을 갖추지 못한 도시는 미래 경쟁에서 도태될 수밖에 없다. 진주가 AI 중심도시로 도약해야 하는 이유다. 그 출발점은 경상국립대를 중심으로 한 AI 연구·교육 허브 구축이다.

경상국립대에 AI 관련 학과와 연구센터를 대폭 확충해야 한다. 컴퓨터공학, 전자공학, 통계학 등 기존 관련 학과의 역량을 강화하고, 학과 간 융합 프로그램을 체계화해야 한다. AI 전공 대학원을 신설하여 고급 인력을 양성하고, 세계적 수준의 석학을 초빙하며, 최신 연구 인프라를 갖춰 경쟁력을 끌어올려야 한다.

연구만으로는 충분하지 않다. 교육 역시 중요하다. AI 인력에 수요는 급증하고 있지만 공급은 여전히 부족하다. 경상국립대는 이 수요를 충족시킬 수 있다. 학부 과정에서 AI 기초 역량을 갖추게 하고, 대학원에서는 전문 인력을 양성한다. 재직자를 위한 AI 재교육 프로그램도 운영할 수 있다. "진주에 가면 AI를 배울 수 있다"는 인식을 심어야 한다.

물론 AI 연구·교육 허브 구축에는 막대한 투자가 필요하다. 컴퓨

팅 인프라와 데이터센터, 각종 연구 장비 구축 등에 수백억 원이 소요된다. 대학의 자체 재원만으로는 한계가 있다. 정부의 지원이 필수적이다. 교육부와 과기정통부의 주요 지원 사업을 적극적으로 유치해야 한다. 이는 역시 정치력의 문제다. 진주가 대한민국 AI 연구·교육의 핵심 거점으로 지정되도록 해야 한다.

산학협력 기반 AI 스타트업 생태계 조성

AI 연구 역량이 갖춰지면, 다음 단계는 사업화다. 연구실에서 개발된 기술이 시장에서 실제 가치를 창출해야 한다. 이를 위해 AI 스타트업 생태계를 조성해야 한다. 대학에서 창업이 자연스럽게 이루어지고, 스타트업이 성장하며, 성공 사례가 다시 창업을 자극하는 선순환 구조가 필요하다.

대학 내 창업보육센터를 확충해 AI 아이디어를 가진 학생과 연구자에게 사무 공간, 멘토링, 초기 자금을 제공해야 한다. 실패하더라도 다시 도전할 수 있는 환경을 만드는 것이다. 가능성이 높은 팀에는 체계적인 액셀러레이팅 프로그램을 제공해 사업 모델을 다듬고, 투자자를 연결하며, 시장 진출을 돕는다.

스타트업이 성장할 수 있는 물리적 기반도 필요하다. 사무 공간과 주거 시설, 네트워킹 공간 등이 갖춰져야 한다. 진주역세권이나 혁신도시에 AI 스타트업 허브를 조성하는 방안을 검토할 수 있다. 저렴한 임대료로 공간을 제공하고, 공용 장비와 서버를 이용할 수 있게 한다. 정기적인 설명회와 시연 행사를 통해 기업 간 교류를 촉진한다.

투자 생태계 역시 중요하다. 현재 진주에는 벤처 투자 인프라가 충분하지 않다. 지역 기반 벤처캐피털을 육성하거나 외부 투자사를 유치해야 한다. 시에서 직접 펀드를 조성해 초기 투자에 참여하는 것도 하나의 방법이다. 한두 개의 성공 사례로 생태계 전체의 성장을 이끄는 촉매가 된다.

청년이 돌아오는 첨단 일자리 도시

AI 중심도시 전략의 궁극적 목표는 청년 인구 유치다. 왜 청년들이 진주를 떠나는가. 원하는 일자리가 없기 때문이다. IT 기업에서 일하고 싶고, 스타트업에서 도전하고 싶고, 첨단 기술을 다루는 직업을 갖고 싶지만 그런 기회가 진주에는 부족하니, 결국 서울로 향한다. 이 흐름을 바꾸려면 청년들이 원하는 일자리를 만들어야 한다.

AI 스타트업 생태계가 활성화되면 상황은 달라진다. AI 엔지니어, 데이터 사이언티스트, 프로덕트 매니저 등 청년들이 선호하는 첨단 일자리가 생긴다. 경상국립대 졸업생들이 굳이 서울로 가지 않아도 된다. 진주에서 창업하거나 스타트업에 취업할 수 있다. 나아가 서울에서 일하던 인재들이 진주로 올 수도 있다.

물론 하루아침에 이뤄지지는 않는다. 5년, 10년의 꾸준한 노력이 필요하다. 처음에는 소수의 스타트업으로 시작하지만, 점차 규모가 커진다. 한두 개 회사가 크게 성공하면 분위기는 확연히 달라진다. '진주에서도 된다'라는 인식이 확산되고, 창업을 꿈꾸는 청년과 투자자가 진주에 관심을 갖고 모이기 시작한다. 선순환이 시작된다.

청년이 돌아오면 도시는 달라진다. 카페와 식당이 활기를 띠고, 문화 행사가 늘어난다. 결혼하고 아이를 낳는 가정이 늘어난다. 인구 구조가 젊어지고, 도시에 활력이 넘친다. AI 중심도시 전략은 단순히 산업 정책이 아니다. 진주의 미래를 바꾸는 인구 정책이자 도시 재생 전략이다. 청년이 돌아오는 도시, 그것이 이 전략의 최종 목표다.

제6부

진주,
대한민국 반려동물의 천국

경상국립대 수의과대학, 전국 최고의 동물의료 인프라

대한민국은 반려동물 시대에 접어들었다. 반려인구는 1,500만 명에 이르고, 네 가구 중 한 가구가 반려동물과 함께 살아간다. 반려동물은 이제 단순한 애완의 대상이 아니라 가족이다. 그만큼 건강과 복지에 대한 관심도 높아지고 있다. 반려동물 관련 시장 규모는 연간 수조 원에 달하며, 빠르게 성장 중이다.

이 거대한 시장에서 진주가 경쟁력을 가질 수 있는 분명한 이유가 있다. 바로 경상국립대학교 수의과대학이다. 이곳에서 국내 최고 수준의 수의학 교육과 연구가 이루어진다. 수의과대학 부속 동물병원은 고난도 수술과 첨단 치료가 가능한 시설을 갖추고 있으며, 전국 각지에서 환자가 찾아올 정도로 명성이 높다.

경상국립대학교 수의과대학

(출처: 경상국립대학교)

수의과대학의 존재는 진주가 반려동물 산업의 중심지로 도약할 수 있는 핵심 기반이다. 동물의료 인프라가 갖춰져 있다는 것은 큰 강점이다. 반려인들은 자신의 반려동물이 아플 때 좋은 병원이 가까이 있기를 원한다. 진주에 살면 경상국립대 동물병원에서 최고 수준의 의료 서비스를 일상적으로 이용할 수 있다.

이 기반을 바탕으로 수의과대학 중심의 동물의료 클러스터를 발전시킬 수 있다. 동물병원 개원을 체계적으로 지원하고, 동물의약품·의료기기 기업을 유치하며, 동물건강 관련 연구소를 설립할 수 있다. 나아가 동물 재활센터, 동물 호스피스 같은 특화 시설도 가능하다. 이는 경상국립대 수의과대학이 있기에 진주만이 시도할 수 있는 일이다.

전국 최대 반려동물 테마파크 조성

진주에는 폐교된 국제대학교 부지가 있다. 넓은 부지에 다수의 건물들이 활용되지 못한 채 방치되어 있다. 이를 어떻게 활용할지 여러 방안이 논의돼 왔지만 뚜렷한 결론이 나지 않았다. 이제는 새로운 아이디어가 필요하다. 반려동물 테마파크로 개발하는 방안을 검토해볼 수 있다. 전국 최대 규모의 반려동물 복합 시설을 조성하는 것이다.

반려동물 테마파크에는 다양한 기능을 담을 수 있다. 첫째, 대규모 반려견 놀이터다. 도심에서는 반려견이 마음껏 뛰어놀 수 있는 공간이 부족하다. 넓은 잔디 공간을 만들어 대형견과 소형견을 분리하고, 안전 시설을 갖춰 자유롭게 뛰어놀 수 있는 놀이터를 조성한다. 반려인들은 피크닉을 즐기면서 반려견과 시간을 보낼 수 있다.

둘째, 반려동물 호텔과 리조트다. 여행이나 출장을 가면서 반려동물을 맡길 곳이 마땅치 않다는 점은 많은 반려인들의 고민이다. 고급 숙박 시설을 갖춘 반려동물 호텔을 만들어 24시간 관리와 의료 서비스를 제공한다. 반려인이 함께 묵을 수 있는 리조트도 조성한다. 반려동물과 함께하는 휴가를 즐길 수 있는 공간이다.

셋째, 반려동물 교육·훈련센터다. 기본적인 훈련부터 문제 행동 교정, 애견 스포츠 훈련까지 다양한 프로그램을 운영할 수 있다. 경상국립대 수의과대학과 연계하여 과학적이고 전문적인 교육을 제공할 수 있다. 넷째, 반려동물 용품 쇼핑몰을 조성해 사료, 용품, 의류 등을 한곳에서 구매할 수 있다. 주말이면 전국에서 반려인들이 찾는 명소가 될 수 있다.

반려동물 산업 클러스터 구축

반려동물 테마파크는 시작에 불과하다. 더 큰 그림은 진주를 반려동물 산업의 허브로 만드는 것이다. 제조, 서비스, 연구개발이 축적된 산업 클러스터를 구축해 반려동물 관련 기업들이 진주에 모여들고, 새로운 사업 기회가 창출되는 생태계를 만들어야 한다.

반려동물 사료 산업을 유치할 수 있다. 프리미엄 사료에 대한 수요는 지속적으로 증가하고 있다. 유기농 원료, 맞춤형 영양 설계 등 차별화된 제품이 인기다. 진주 주변의 청정 농산물을 활용하면 원재료 측면에서도 경쟁력이 있다. 경상국립대 수의과대학, 식품공학 관련 학과 등과 협력하여 연구개발을 병행할 수도 있다.

반려동물 용품 산업도 성장 가능성이 크다. 의류, 장난감, 위생용품, 가구 등 다양한 분야에서 수요가 있다. 디자인과 품질을 갖춘 중소기업들이 충분히 성장할 수 있는 분야다. 진주에 반려동물 용품 제조단지를 조성하고, 입주 기업에 각종 행정·재정적 지원을 제공할 수 있다. 온라인 유통과 해외 수출도 적극 추진할 수 있다.

반려동물 서비스업 육성도 중요하다. 미용, 호텔, 유치원, 장례 등 다양한 서비스 수요가 늘고 있다. 이에 맞춰 전문 인력을 양성하는 교육 체계도 필요하다. 경상국립대에 반려동물 관련 학과를 신설하거나, 평생교육원을 통해 전문 과정을 운영할 수 있다. 진주가 반려동물 서비스 전문가를 배출하는 곳이 되는 것이다.

1,500만 반려인구를 진주로

1,500만 반려인구는 거대한 잠재 시장이다. 이들은 반려동물을 위해서라면 기꺼이 지갑을 연다. 좋은 사료, 신뢰할 수 있는 병원, 쾌적한 시설이 있는 곳을 찾아간다. 진주가 그런 도시가 된다면, 1,500만 반려인구는 관광객이자 소비자로, 나아가 잠재적 이주민이 될 수 있다.

반려동물 테마파크가 조성되면 새로운 관광 명소가 된다. 주말마다 전국의 반려인들이 찾고, 당일치기 방문은 물론 1박 2일 체류형 관광도 늘어난다. 숙박, 음식, 쇼핑 등으로 이어지는 연관 소비가 발생한다. 연간 수십만 명의 방문객을 기대할 수 있고, 이들이 쓰는 돈이 지역 경제를 활성화한다.

더 나아가 진주를 '반려동물 친화도시'로 브랜딩해야 한다. 도심

곳곳에 반려견 놀이터를 조성하고, 반려동물 동반 가능 시설을 확대한다. 카페와 식당, 숙박시설에서 반려동물 동반 이용이 자연스럽게 이루어지도록 환경을 만든다. 반려동물 등록과 관리 시스템도 선진화해야 한다. '반려동물과 함께라면 진주'라는 이미지를 만드는 것이다.

궁극적으로는 반려인들의 이주까지 유도할 수 있다. 자연과 가까운 환경에서 반려동물과 함께 살고 싶어 하는 사람들이 늘고 있다. 진주가 그 조건을 갖춘다면 이주를 고민하는 반려인들이 증가할 것이다. 이를 은퇴자 유치 전략과 결합하면 시너지가 커진다. 반려동물과 함께 여유로운 은퇴 생활을 원하는 사람들에게 진주는 매력적인 선택지가 될 수 있다.

제3장

진주 사람,
진주 사랑

(출처: 공공누리)

제1부

기업도시의 꿈을 현실로

진주로 오세요

2004년 6월 22일 전국경제인연합회 현명관 상근 부회장을 만났다. 기업도시 진주 유치를 조건으로 기업도시법 통과에 앞장서겠다고 말했다.

> 진주는 뛰어난 인프라를 구축하고 있는 교육 부문과 문화시설, 의료시설, 용수 및 전력 등 기업도시 기반 시설이 다른 지역과 비교하여 월등히 앞서가고 있을 뿐만 아니라 완벽한 자족도시가 형성되어 있습니다. 진주에 기업도시를 건설해 주기를 바랍니다.
>
> 진주지역에 입주할 기업에는 토지매입비 지원, 공공기반 시설 지원, 취득세·등록세 면제, 재산세·종합토지세 감면, 10년간 공업용수 사용료 면제, 도시계획 지정 및 부지 매입 대행, 지원 전담 기구 설치를 통한 원-스톱 서비스를 제공할 수 있습니다. 각종 규제 관련 조례·규칙 즉시 개정, 수도권 기업 지방이전시 입지·고용·교육훈련보조금 지원과 같은 인센티브를 제공할 수 있습니다.
>
> 앞으로 진주시가 갖고 있는 좋은 환경과 여건을 바탕으로 기업도시의 적극 유치활동을 위해 지역상공인, 주민대표, 학계 등으로 기업도시 유치단을 조직할 것입니다.
>
> 우리나라의 불합리한 기업환경으로 인해 외국으로 떠나고 있는

기업들의 발길을 되돌릴 수 있도록 기업도시 특별법이 국회를 통과할 수 있도록 노력하겠습니다.

진주의 가능성은요?

2004년 7월 16일 '촉석 포럼 21'(대표·최대환 경상국립대 교수) 주최로 전경련 이규황 전무를 초청해 '기업도시 건설을 통한 투자 활성화 방안' 토론회를 개최했다. 이 토론회는 기업도시 후보지 중, 진주가 최초로 기업도시 관련 주제로 토론회를 연 것이었다. 행사에는 진주 시민과 시 관계자, 인근 지자체장 등 3백여 명이 참석했다. 우리 진주가 기업에 대해 얼마나 목이 말라 있었나를 제대로 볼 수 있었다.

그날 참석했던 이규황 전무는 주제 발표를 통해 "계획대로라면 내년부터 전국적으로 기업도시 건설이 본격화될 것"이라며 "이를 위해 전경련은 기업도시 특구 지정을 위한 특별법 제정을 올해 건설교통부에 건의하고 국회에서의 통과를 추진할 것"이라고 말했다.

나는 이규황 전무에게 "진주는 현재 기업도시 후보지 가운데 선정 가능성이 몇 %가 되느냐"고 질문했다. 이규황 전무는 "관계자의 열의에 달렸다"라고 말했다. 당시 나를 비롯한 많은 분은 우리의 열성이라면 진주의 기업도시 유치는 가능하다고 믿었다. 기업들이 진주에 올 생각이 전혀 없다는 사실을 알기 전까지 말이다.

기업도시법이 그 이름을 갖기까지

2004년 10월 2일 국회 '기업도시 정책 포럼'(회장 강봉균 의원)이 열렸다. 이날은 여야 의원들과 서종대 건설교통부 기업도시기획단장, 김정렬 기업도시과장과 이규황 전경련 전무, 유재준 기업도시팀장 등이 참석했다. 정부가 법안을 설명했고, 전경련의 입장을 듣고 입장 차를 서로 좁혀가는 형태로 진행됐다.

법안 명칭에 대해 정부는 '기업도시'라는 용어를 사용하지 말고 '민간 투자 활성화를 위한 복합도시 개발 특별법'으로 할 것을 주장했으나, 전경련 측은 '기업도시'라는 이름으로 통하고 있는 만큼 기업을 넣자고 주장했다. 나는 "국회가 법을 만들고 정부가 기업도시를 지정해도 기업이 투자하지 않으면 그만인 것이 기업도시 문제의 이중적인 본질"이며, "발상 자체가 정부의 획기적인 규제 완화에서 출발한 만큼 지엽적 말단에 얽매이지 말고 과감하게 풀어주는 것이 좋겠다"라고 했다. 이날의 토론으로 우리가 부르는 기업도시법 즉 '기업투자 활성화를 위한 복합도시 개발 특별법'이 그 명칭을 갖게 됐다.

기업도시에서 혁신도시로

2004년 11월 3일 오후 2시 중소기업협동조합중앙회 대회의실에서 민간 복합도시(기업도시) 특별법안 공청회가 열렸다. 열린우리당 강봉균 의원, 윤호중 의원, 이규황 전경련 전무, 서종대 건설교통부 신도시기획단장, 강정호 경남 정무부지사, 권영준 경희대 교수(경실련), 변창흠 세종대 교수(환경정의), 허재완 중앙대 교수, 온기운 매일경제 논설위원이 참석했다.

2004년 8월 31일 정부가 공공기관 지방 이전 방안을 발표했다. 나는 당시 기업도시 생각만 하고 있었다. 그러나 기업도시가 진행되면서 진주로 올 기업이 없다는 사실을 알게 되었다. 이후 기업도시 유형 중 공공기관이 이전하는 혁신도시로 방향을 틀었다. 기업은 자신들의 의지로 움직이지 않을 수 있지만 공공기관은 정부의 결정에 따라 확실하게 움직일 수 있는 것이었다. 다음은 공청회에서 한 발언이다.

여러 전문가의 발표 잘 들었습니다. 저는 시민의 마음을 대변하는 전문가의 관점에서 말하겠습니다. 정치를 시작하면서 풍요롭고 정의로운 나라를 만드는 데 조금이나마 도움이 되었으면 하는 생각입니다. 기업도시가 그런 나라를 만드는 데 필요하다고 생각하고 있습니다.

기업도시라는 용어보다는 '규제 자유도시'라는 용어가 더 정확하지 않나 싶습니다. 법 명칭도 기업도시법이 아니라 '원스톱 규제 혁파법'이라고 하는 것이 낫다고 봅니다. 이 법은 규제를 획기적으로 개선하는 법이라고 이해하고 있습니다. 만약 이 법이 진짜로 재벌 특혜법이라면, 나는 찬성하지 않는 정도가 아니라 적극적으로 반대할 것입니다. 왜냐하면, 정의롭지 않기 때문입니다.

내가 이해하기로 기업도시법은 정부가 가진 규제를 민간 즉, 기업과 시민들에게 대폭 이양하는 것입니다. 이런 의미에서 건교부에 감사합니다. 자신들의 철밥통을 절반 정도 대폭 내어준 참으로 획기적인 법이 아닌가 생각합니다.

또한 나는 이 법의 정신을 "시민에게 결정케 하라"라는 것으로 이해합니다. 오늘날 시민사회의 수준이 어떻습니까? 권력과 밀착한 재벌에 의해서 수탈당하고도 수탈당했다는 사실도 모르는 몽매한 시민이 우리나라에 어디 있습니까? 그런 사실을 알면서도 당하는 무력한 시민은 또 어디 있습니까? 요즘은 용감한 시민들은 공권력에 차를 몰고 돌진하는 정도의 나라에 우리는 살고 있습니다. 공권력에 대해서도 그런데 일개 기업 따위에 자기 몫을 뺏기고 그걸 감수하고 있을 시민이 대한민국에 있을지 모르겠습니다.

진주의 예를 들겠습니다. 진주 시민은 환경을 상당히 중시합니다. 그런데 진주가 기업도시가 되었는데, 그 기업이 진주 시민의 이름으로 이익을 얻으면서 환경을 파손하고 자기 몫을 빼앗아 간다고 할 때, 그 기업을 용서할 시민은 제가 알기로는 진주에 없습니다. 공익의 수호자인 시장도 있고 또 저도 있고 시민단체도 있고 노조도 있습니다.

법안에 대해 구체적인 대목을 몇 개 지적하겠습니다. 우리나라에는 기업도 많고 도시도 많습니다. 그래서 기업도시가 장기적으로 여럿 생길 것으로 봅니다. 그런데 기업도시의 성패는 시범도시의 성공에 달려 있다고 생각합니다.

그래서 시범도시는 4가지 기업도시 유형 중 주로 혁신도시 형으로 지정되었으면 합니다. 그래서 성공하는 것을 제대로 보여줘야 할 것입니다. 혁신도시란 공공기관 이전을 중심으로 하는 도시입니다. 즉 정부의 할 일이 다른 유형에 비해 많은 유형입니다. 정부가 제대로 돕고 진행해서, 성공하는 모범 사례를 만드는 것이 매우 중요합니다.

또 한 가지는 이전 기업에 대한 고용훈련비 지원 부분입니다. 진주에는 공장이 없습니다. 운이 좋아 기업도시가 진주에 온다면 숙련된 고용 인력 확보가 문제입니다. 근로자직업훈련촉진법 28조에 의해 복합도시 이전 기업에 대해 고용훈련지원 장치를 마련해야 할 것입니다.

기업도시가 성공하려면 큰 기업뿐만 아니라 협력 업체도 가야 합니다. 지금까지 주력 기업에만 신경을 쓰다 보니 소소한 협력 업체에 대해서는 주의가 소홀했던 것이 사실입니다. 협력 업체에 대해 토지 등 다른 부분에서 고려해 주길 바랍니다.

이 법이 정기국회에서 통과된다면 시범도시를 지정하고 시범도시에서는 일이 진행되어야 합니다. 그러자면 도시 계획 변경 등 여러 가지 돈이 필요하게 됩니다. 이번 예산 국회에서 이 부분이 반영 되도록 여기에 참석하신 여러 동료 의원분께 부탁드립니다.

환경, 노동, 경제, 정의 등 이런 가치는 우리 모두 추구해야 할 가치들입니다. 그런데, 일자리를 만들면서 이 모두를 같이 할 수 있는, 모두가 '윈-윈'할 수 있는 방법은 얼마든지 있습니다.

발전되지 않은 과거의 역사에서 오늘날의 풍요롭고 기적 같은 문명을 이룩할 수 있었던 것도 서로가 이득이 되는 방안을 찾아 함께 노력해 왔기 때문입니다.

기업도시를 하면서 시민과 기업이 정말로 서로에 대한 신뢰와 선의를 가지고 최선을 다하면 다른 지역의 일반 기업보다 더 많은 이익을 낼 수 있을 것입니다. 그 이익으로 환경과 노동 문제를 더 낫게 할 수 있지 않겠습니까.

마지막으로 예를 하나 들겠습니다. 배고픈 사람이 있습니다. 큰 떡을 가진 사람이 있습니다. 둘이 대화를 하고 있습니다. 그런데, 떡을 가진 사람이 떡에 돌이 들었을지도 모르니까 먹지 말라고 얘기하면, 배고픈 사람은 야속할 것입니다. 조심조심 먹다가 돌이 들었으면 골라내면 될 것입니다. 돌이 너무 많아 못 먹을 떡이라면, 떡을 판 사람에게 던지면 될 것입니다. 배가 너무 고파서 이빨이 좀 아프더라도 감수하고 먹겠다는 사람도 있을 것입니다.

우리가 우리의 운명을 결정하도록 해주십시오.

기업도시특별법 국회 통과

2004년 12월 9일 기업도시특별법이 국회 본회의를 통과했다. 기업도시특별법에 진주의 사활이 걸렸다는 생각에 정말 온 힘을 다했다. 이 법이 통과할 수 있도록 해당 상임위 의원들을 모두 찾아다니며 협조를 요청했다. 한나라당 의원뿐 아니라 열린우리당 의원도 찾아다녔다. 드디어 2004년 12월 9일 기업도시특별법이 국회 본회의를 통과했다. 당시 투표 결과는 재적 241인 중 찬성 162인, 반대 61인, 기권 18인이었다. 내가 열과 성을 다했던 일의 첫 단계가 드디어 이루어진 것이다.

제2부

혁신도시,
불가능을 가능으로

조정인재 반재영남 영남인재 반재진주

2005년 6월 24일 공공기관 지방 이전 최종 계획 발표 후, 주택 공사 담당자들에게 보낸 편지다.

안녕하십니까.

숨은 진주, 진주晋州에 대해 말씀드리겠습니다. 좋은 도시는 대체로 다음 네 가지 조건을 갖추고 있습니다.

첫째, 교통입니다. 진주는 육해공 모든 교통수단이 갖춰져 있는 교통의 요충입니다. 육로의 경우 대전-진주 고속도로를 이용하면 대전 1시간, 서울 3시간 거리입니다. 신행정 수도와도 경남 도시 중 최단 거리에 있습니다. 워낙 길이 좋고 경관이 아름다워서 부산 등지의 차들이 경부 고속 대신 이 길을 많이 이용합니다. '진주라 천 리 길'은 옛말이고, 이제 신주는 지척입니다. 기차역은 시내에 있습니다. 항공은 서울, 제주 편이 있는데 수요만 있으면 언제든 국제공항이 될 수 있고, 30분 거리에 광양항과 삼천포항이 있습니다.

둘째, 자연입니다. 진주에 와보신 분들은 이구동성으로 보기 드물게 아름다운 도시라고 합니다. 시내에 아름다운 청정호수(진양호)가 있고 큰 강(남강)이 도심 한가운데를 태극 문양으로 휘

영청 감돌고, 강 양안으로 기암괴석과 꽃이 만발한 그림 같은 절벽이 이어지는 그런 도시는 세계 어디에서도 본 적이 없다는 것입니다. 30분 거리에 천하 명산 지리산과 청정해역 한려수도 남해가 있고, 겨울에도 영하로 내려가지 않는 온화한 기후까지 갖춘 도시는 찾기 힘들 것입니다.

셋째, 사람입니다. 1,500여 년 전 도시 형성 후, 진주는 남부의 중심 도시이자 인물의 배출지였습니다. 본관으로 많이 쓰이는 도시의 순서는 경주, 진주, 전주입니다. 경주는 경주 金 씨 등 87개 성의 본관이고 진주는 80개, 전주는 75개입니다. 본관은 주로 고려 시대에 정해졌는데 이 사실은 당시 진주가 전국적 도시였다는 반증입니다. 실제로 姜 씨와 河 씨, 鄭 씨 성을 가진 인물이 역사에 많이 등장합니다. 강 씨와 하 씨는 전원이, 정 씨는 상당수가 진주 출신입니다.

태조 이성계가 개국한 뒤 신하들과 만난 자리에서 했다는 말이 역사에 기록돼 있습니다. "朝廷人才 半在嶺南 嶺南人才 半在晋州"(조정인재 반재영남 영남인재 반재진주, 풀이는 '조정 인재의 반이 영남 사람이고, 영남 사람의 반이 진주 사람')입니다. '북평양 남진주'라는 말도 있습니다.

넷째, 교육입니다. 인재의 산실이라는 진주의 전통은 교육도시로 이어지고 있습니다. 진주고와 진주여고는 80년 역사를 통해 걸출한 인재를 무수히 배출했으며, 현재 6개의 전국 수준의 명문고와 3개의 특목고가 있습니다. 진주가 8학군보다 낫다는 말을 들어보신 적이 있을 것입니다.

1995년부터 2004년까지 10년간 검사 임용자 출신고 통계에서 상위 5위(복수 포함)에 2개교(진주고, 동명고)를 올린 곳은 진주밖에 없습니다. 삼성, LG, 효성 등 세 재벌 창업자가 진주에 있는 학교 동창생이라는 사실은 널리 알려진 이야기입니다.

진주는 백제 거열성으로 역사에 등장한 이래 신라 때는 9주 5소경으로, 고려는 왕조 내내, 조선은 중기까지 국가의 주요 도시였습니다. 하지만 오늘날 진주는 그렇지 못합니다. 연유는 이렇습니다.

일단의 역사가들에 의해 저질 쿠데타로 평가되는 인조반정(1623년)으로 진주가 역사의 중심에서 밀려났기 때문입니다. 광해군을 도와 실리 외교와 백성 우선의 실용주의를 추진했던 세력, 요즘 말로 하면 여당이 진주 출신들이었던 것입니다. 대명明사대주의와 헛된 명분론, 권력욕밖에 없던 쿠데타 세력은 백성들을 병자호란과 정묘호란의 지옥 속으로 몰아넣었고 이후 조선은 쇠락을 거듭한 끝에 결국 패망하고 말았습니다.

부자는 망해도 3대가 간다고 합니다. 정치적으로는 약해졌으나 사회 경제적으로 진주는 여전히 경남 제1 도시였습니다. 그래서 1897년 광무개혁 때 경남도청이 진주에 위치한 것은 당연한 일이었습니다. 일제가 수탈 물자를 일본으로 가져가기 편하다는 이유로 1925년 부산으로 도청을 옮겼고, 이후 부산과 마산 쪽으로 급격히 기울기에 이른 것입니다.

진주는 이제 다시 역사의 전면으로 나서고 있습니다. 오랜 숙제였던 교통 문제가 해소되고 국가의 면모가 명분에서 실용으로 일신하고 있습니다.

진주는 고향으로 삼아 후손에게 물려주기에 모자람이 없는 도시입니다. 35만 진주 시민의 간절한 마음을 모아 정성껏 모시겠습니다. 긴 글 읽어주셔서 감사합니다. 안녕히 계십시오.

명분과 근거

2005년 6월 24일 경상남도 유치기관이 발표됐다. 주공 등 12개 기관의 경남도 유치기관 발표 후 그야말로 사활을 건 유치전이 벌어졌다. 당시 도 최고위 관계자로부터 12개 기관이 확정되면서 꼬리표가 붙어서 왔다는 사실을 전해 들었다. 그는 “대통령 고향으로 찍어 내려왔다. 대안을 찾아보자"라고 권했다.

나는 "내 생각은 다르다. 옛날에는 힘 있는 쪽에서 힘없는 쪽을 눌러 이겼지만 21세기 민주화된 대한민국은 다른 나라다. 명분과 근거 있는 쪽이 없는 쪽을 이긴다. 혁신도시는 국토 균형 발전을 위한 것이다. 김해는 부산 수도권이다. 성남은 서울 수도권이다. 서울 수도권에서 부산 수도권으로 옮기자고 이 난리를 치느냐. 김해로 갈 바에는 성남에 그대로 두는 것이 옳다"라고 했다.

혁신도시 유치 과정에서 이 논리를 입에 달고 다녔다. 진주에 뭐가 있느냐, 야당 초선의 힘으로 되겠느냐, 현직 대통령의 고향을 어떻게 꺾겠느냐는 말을 들을 때마다 이렇게 말했다. 이 말은 여전히 유효하다. 어떤 일이든 강력한 명분과 근거가 있어야 설득력 있고, 정확한 논리를 만들 수 있다.

마침내 혁신도시 유치

2005년 10월 31일 진주가 혁신도시로 확정됐다. 400년간 멈추어 있던 진주가 비로소 앞으로 나아가기 시작한 것이다. 축하 성명을 통해 시민들과 기쁨을 함께 나누었다.

혁신도시 진주 유치를 시민 여러분과 함께 기뻐합니다. 간절한 염원을 모아주신 위대한 35만 진주 시민 여러분의 공입니다. 김장하, 최대환 공동위원장을 중심으로 활동하신 공공기관 진주 유치 범시민추진위원단과 정영석 시장, 김진부 시의회 의장 등 공직자 여러분께도 감사드립니다. 나라와 경남을 위해 올바른 결정을 내려주신 심사위원께는 특별한 감사의 말씀을 전합니다.

진주는 공공기관 이전을 계기로 한반도 남부 중심도시를 넘어 세계의 도시로 발전할 것이다. 진주는 세계 어느 도시에도 뒤지지 않을 모든 조건을 갖추고 있다. 진주처럼 아름다운 도시도, 진주처럼 위대하고 슬픈 역사를 가진 도시도 많지 않은 터에, 하물며 이 두 개를 함께 갖춘 도시이겠는가. 지난 10월 국회의원 20명이 진주를 찾았을 때 의원들이 이구동성으로 말한 바이기도 하다.

소식을 처음 접하고 눈물이 났다. '진주가 수백 년 뒷걸음질 끝에 마침내 앞으로, 미래로, 중심으로 나가기 시작했구나'라는 감회였다. 개인적으로는 국회의원이 되고 숨도 크게 쉬지 못하고 기다려 온 결과이다. 혁신도시 유치는 지금까지는 물론이고 앞으로도 내가 경험할 수 있는 일 중, 가장 중요하고 역사적인 일일 것이다.

기뻐하면서도 명심해야 할 것은 함께해야 한다는 사실이다. 우리는 서부 경남, 경남, 대한민국과 함께 가야 한다. 마치 정수리 한 점에 놓은 침이 몸 전체를 살리는 정문일침頂門一鍼의 원리처럼 혁신도시 진주는 낙후된 서부 경남을 깨우고 경남과 전남에 온기를 전하고 마침내는 국토 전체에 활력을 주는 역할을 해야 할 것이다. 이 일을 하라고 진주가 한반도의 단전 위치에 있지 않은가.

최근 국제 드라마 견본시와 도서전 참석차 파리, 니스, 칸, 프랑크푸르트를 다녀왔다. 좋은 도시 하나가 '삼성'과 같은 대기업 못지않다고 생각했다. 진주를 제대로 발전시키면 나라에 큰 힘이 될 것이라는 확신이 들었다.

이제 그 첫걸음을 떼기 시작했다. 시민 여러분, 어떻습니까. 흥분되지 않습니까. 35만 진주 시민 여러분! 위대한 진주 선설을 위해 함께 나아갑시다.

준혁신도시는 원천 불가

2006년 지방선거에서 준혁신도시라는 말이 나왔다. 도지사 후보가 선거공약으로 내건 것이다. 8월 2일 경남도청에서 열린 국회의원 초청 도정 설명회에서 지방선거 이후 계속 논란이 되고 있던 준혁신도시에 대한 견해를 밝혔다.

이번 수해를 보면서 '백복이 불여일방'이라는 말을 새로 만들어 보았습니다. 백번 복구하는 것이 한번 예방하는 것만 못하다는 의미입니다. 실제로 피해를 당한 분들은 사후에 아무리 잘 복구한다고 해봐야 이미 슬픔과 고통을 당할 만큼 당한 상태입니다. 선진국은 복구할 필요가 없이 미리 예방하는 나라입니다. 응급 복구와 항구 복구라는 말을 쓰던데, 응급 복구는 항구 복구(재난 피해 공공시설의 원상 복구를 넘어 재해 예방을 위한 전면적 개선 복구)를 위한 전 단계로 봐야지 어떤 곳은 응급 복구를 하고 어떤 곳은 항구 복구한다는 의미의 선택 사항으로 본다는 것은 말이 안 됩니다.

문산 물난리의 원인이 된 영천강에 대해 말할 때 응급 복구에는 120억, 항구 복구에는 950억, 이렇게 말하던데 당연히 950억이 돼야 합니다.

원래 오늘 준비해 온 말은 여기까지입니다. 그런데 도청에서 만든 보고서 19쪽 '혁신도시와 공공기관 이전'을 보고 이 자리에서 발언을 새로 준비했습니다.

1년 전 이 자리에서 저는 '분열과 이간질을 주특기로 하는 현 정부의 책략에 말려들지 않기 위해 혁신도시 문제에서 의원들은 빠지고 도에 맡기자'라고 제안했습니다. 김학송 당시 도당위원장과 선배 동료 의원님들의 협조로 그렇게 돼 왔습니다.

그러나 오늘 보고서를 보면서 혁신도시에 대해 제가 알고 있는 바에 대해 한마디 하지 않을 수 없다고 판단했습니다. 혁신도시에 대해서는 제가 가장 잘 아는 사람이라고 자부합니다. 관심이 많아 취재를 많이 했습니다.

정부에서 가장 신경 쓴 곳은 이전 대상 지역이 아니라 이전 대상 기관이었습니다. 국토균형발전위에서 쓴 신경의 95% 이상이 이전 기관 직원, 특히 노조의 반응과 태도에 쏟아졌습니다.

원래 시군별로 하나씩 이전할 계획도 있었습니다. 균형 발전이라는 글자 그대로의 뜻에 가장 부합하기 때문입니다. 그러나 한 발짝도 움직이지 못했습니다. 이전 기관들이 목을 걸고 반대했기 때문입니다. 그토록 반대하는 이유를 알아본 결과 지방 중소도시 시민이 되고 싶지 않다는 것이었습니다.

그래서 나온 타협책이 이전할 모든 기관을 한곳으로 모으는 것이었습니다. 당신들은 지방 도시 시민이 되는 것이 아니며, 일종의 특별시를 만들어 주고 그곳에 시설을 다 만들어 가자고 하는 것입니다. 이전 기관들은 그것도 좋지는 않지만, 정부의 기세가 간단치 않고 해서 그 정도 선에서 타협하게 된 것입니다.

그러니까 한곳으로 모으는 혁신도시는 정부와 공공기관이 온 힘을 기울여 살바 싸움을 한 다음에 나온 정치적인 타협인 셈입니다. 따라서 주택 공사가 마산에 가지 않겠다는 것은 진주는 좋고 마산은 싫다는 것이 아니라 혁신도시를 떠나지 않겠다는 것입니다.

준혁신도시는 하지 않으려는 일이 아니라 할 수 없는 일인 것입니다. 도가 아니라 정부에서 하고자 해도 할 수 없는 일입니다. 저도 마산을 사랑하고 함께 발전해야 한다고 생각하며 어려운 사정의 마산 시민들을 생각하면 마음이 아픕니다. 하지만 발전의 길은 많습니다. 혁신도시가 발전의 유일한 길이 아닙니다. 기업도시도 있고 그 외 대규모 투자 방법이 있습니다. 많은 도시의 발전이 혁신도시란 말이 없을 때 이루어졌습니다.

이런 때일수록 공직자의 태도가 중요합니다. 내용을 뻔히 알면서도 인기를 의식하고 책임을 피하려 시민에게 사실대로 알리지 않고 결과적으로 시민들께 고통을 주는 일은 옳은 태도가 아닙니다. 그런 의미에서 오늘 보고서의 혁신도시 부분은 잘못된 것입니다. 이미 도청의 적지 않은 분들이 혁신도시의 본질에 대해 알고 있는 것으로 알고 있습니다. 시민들께 사실을 제대로 알린 뒤 설득하고 협조를 구하는 노력을 해야 할 것입니다.

한마디 더 하자면, 경남의 중심도시는 한반도에 사람이 살기 시작한 이래 내내 진주였습니다. 우리나라의 형태가 그렇게 생겼기 때문입니다. 역사책을 보면 바로 알 수 있습니다.

경남도청이 처음 생길 때 그 위치는 당연히 진주였습니다. 1925년 일본이 수탈 물자 운송의 편의를 위해 부산으로 도청을 옮겨 갔다가 1983년 환원됐습니다. 역사로 보나 지리로 보나, 또 사리로 보나 교통으로 보나 그때, 진주로 원상회복돼야 했습니다. 그랬다면 균형 발전도 됐고 영호남 화합에도 도움이 됐을 것입니다. 우여곡절 끝에 창원에 가게 됐고 그래서 좋은 일도 있었겠지만 좋지 않은 일도 있었습니다. 그래도 서부 경남 1백만 시민들은 묵묵히 이겨냈습니다.

지금 제가 서부 경남 발전을 이야기하는 것은 지역 이기주의에서가 아니라 경남의 균형 발전과 국토의 균형 발전을 위해 필수불가결이기 때문입니다.

지금 제가 도청 문제를 이야기하는 것은 과거에 대해 말하려는 것이 아니라 미래에 대해 말하려는 것입니다. 이 자리에 계신 공직자 여러분께서는 미래를 보면서 국민의 고통과 눈물을 생각하면서 일해 줄 것을 부탁드립니다.

1년 만에 준혁신도시 논란 종지부

2007년 6월 1일 총리에게 혁신도시 촉구 서한을 전달했다. 6월 28일 경상남도는 준혁신도시 포기를 공식 발표했다.

> 국무총리로서 불철주야不撤晝夜 직무를 수행하시는 데 대해 경의를 표합니다. 경남 혁신도시 문제와 관련, 정부 차원의 협조를 요청합니다.
>
> 경남 혁신도시는 2005년 진주로 지정된 이후 정당한 절차에 따라 사업이 진행되어 오고 있습니다. 혁신도시 특별법 통과(2007년 2월), 예정지구 지정(3월)에 이어 개발계획 승인(5월)까지 완료되었습니다.
>
> 그런데, 경남도에서 개별 이전을 주장함으로써 혼란이 초래되고 있습니다. 이전 대상 기관 12개 중 일부(3개)를 분산해 다른 지역(마산)으로 이전하겠다는 것인데, 법적 근거가 없는 경남도의 일

방적인 주장입니다. 경남도는 최근(5월 28일)에 기자간담회를 열어 “개별 이전이 안 될 경우, 이행실시협약 체결을 거부하겠다”라고 하는 등 기존 생각을 고수하고 있습니다.

진주 시민 중 마산도 함께 발전해야 한다는 데 이의 있는 사람은 없을 것입니다. 또한 준혁신도시가 아니면 마산이 발전할 수 없다는 주장의 근거는 없습니다. 혁신도시가 존재하기 이전에도 여러 지역이 각각의 입지에 맞는 방향으로 발전을 해왔습니다. 마산도 기업도시를 포함해 여러 가지 발전 방안이 있을 것입니다.

이에 국무총리께 다음과 같이 요청합니다.

1. 혁신도시의 목적은 지역 균형 발전입니다. 낙후된 마산을 중심으로 한 중부 경남의 균형발전을 위한 대책을 마련해 주시기를 바랍니다.

2. 진주 혁신도시는 경남도의 태도와 관계없이, 정해진 법과 절차에 따라 차질 없이 진행해 주시기를 바랍니다. 국가적 사업에 지장이 초래되는 일은 절대 없을 것으로 확신합니다.

제3부

LH 진주 이전, 최후의 결전

이전지 결정, 협의로 될 일인가

LH 출범 직후인 2009년 10월 27일 권도엽 국토해양부 차관(현재 장관)을 만나 당시 상황을 설명하기 위해 썼던 글이다.

세종시와 혁신도시는 완전히 다른 도시입니다.
세종시는 정부 일부를 옮기자는 도시고 혁신도시는 공기업을 옮기는 도시입니다. 균형 발전의 취지에서 출발했고, 지방으로 옮긴다는 점 말고는 전혀 다릅니다.

정부가 두 집 살림하는 것과 공기업 이전이 어떻게 갈겠습니까. 관계자들을 만날 때마다 '주공이 성남이 아니고 진주에 있는 것이 무슨 문제가 되나'라고 했는데 맞다고 했습니다.

말하기 좀 그렇지만 우리로서는 진화위복의 측면도 있습니다. 세종시가 주춤할수록 혁신도시는 가속도가 붙을 것입니다. 둘 다 안 하고 견딜 수 있겠습니까.
지금 정부는 혁신도시를 강력하게 미는 분위기입니다. 실제로 얼마 전까지 이전 승인 날 때마다 잔류 인원 때문에 얼마나 걱정했습니까. 하지만 최근에 승인된 기관은 거의 전원 이전합니다. 26일 진주로 이전 승인 난 한국시설안전공단은 잔류가 없습니다.

세종시와 혁신도시는 비슷해 보이지만 완전히 다릅니다. 같은 부모에서 난 형제라도 얼마나 다릅니까.

답답하고 걱정하시는 것 잘 알고 있습니다. 필요한 모든 관계자에게 진주 이전의 당위성을 설득하고 주장하고 읍소하고 협박하고 있습니다. 다음 주 협의를 시작해 올해 안으로 결정할 것으로 알고 있습니다.

상대가 있는 일이라 자세히 밝힐 수 없지만 성과가 없다는 말은 정확한 표현이 아니라고 말씀드립니다. 권 차관과는 자주 대화합니다. 권 차관은 이 건만 아니라 남강댐 문제까지 진주 주요 현안에 대한 최고 책임자인데 천만다행으로 잘 알고 깊이 이해하는 사이입니다.

권 차관에게 두 가지를 말했습니다. 첫째, 단호하게 하라. 좌고우면左顧右眄하면 마가 생기고, 단호하면 의외로 잘 풀릴 수 있다. 둘째, 신속하게 하라. 시간 걸릴 것 뭐 있나. 차관도 알고 나도 알고, 청와대도 알고 하늘도 알고 땅도 아는 것처럼 결론은 자명한 것 아니냐.

협의라는 말을 꺼내길래 바로 잘랐습니다. 경남과 전북이, 진주와 전주가 이렇게 경쟁하는데 어떻게 협의가 되겠냐고 했습니다. 협의라면 누가 양보한단 말인데 누가 양보하겠습니까.

정부 입장을 이해는 합니다. 어떤 일이든 절차가 필요한 법이고, 특히 이번 사안처럼 쌍방이 있는 일은 되든 안 되든 협의라는 절차를 밟지 않을 수가 없을 것입니다.

저는 "정부가 판단해 결정할 것이다. 판단 근거는 충분하다. 10개 혁신도시가 선정될 때 각각의 핵심 기능이 있다. 전주는 스스로 '애그리콘밸리'라고 작명한 데서 알 수 있는 것처럼 농업 중심 도시다. 또 주택 공사와 토지 공사가 합쳤는데, 주공이 토공의 1배 반이다. 또 전북은 새만금 등 초대형 프로젝트가 있다"라고 했습니다. 차관도 "혁신도시의 기능 제고와 지역 간 형평성을 고려하겠다"라고 했습니다.

말씀드린 것처럼 일의 성격상 자세히 보고드리지 못하는 것이 안타깝습니다. 다만, 진주의 미래와 제 정치적 운명이 걸린 일로 제가 가진 모든 힘을 다 쏟아붓고 있다는 말씀, 그리고 집권당 재선으로 정책조정위원장을 맡아 당과 청와대와 정부의 정책을 최고위 수준에서 조정하는 위치에 있다는 것이, 야당 초선 때와는 많이 다르다는 말씀까지는 드립니다. 대기만성이라 했습니다. 조금만 더 참고 기다려 주시기를 바랍니다.

결단은 빨리 그리고 단호하게

2009년 11월 4일 한나라당 경남의원 공동명의로 LH 일괄 이전 결의문을 발표했다. 한국토지주택공사 이전 지역 결정을 위한 첫 회의가 4일 열렸다. 정부는 결정 기준이 혁신도시 기능 제고와 지역 간 형평성이라고 이미 여러 차례 밝힌 바 있다. 정부의 방침은 옳고도 적절하다. 전국 10개 혁신도시가 가진 각각의 핵심 기능이 최고로 발휘되면서 지역 균형 발전을 이루는 방향으로 결정되어야 한다.

혁신도시는 선정 당시부터 각자 핵심 기능을 가지고 있었다. 각 핵심 기능의 조화를 통해 국토 균형 발전을 이루는 것이 혁신도시 탄생의 이유이며 정부가 바뀌고도 계속 추진되고 있는 이유이다. 경남 혁신도시가 '첨단 주거 문화를 선도하는 녹색 친수도시'이고, 전북 혁신도시가 '농업 생명의 허브, 생물 생명 산업의 메카'인 것은 그 이유이다.

경남 혁신도시가 들어설 서부 경남이 교체를 거듭했던 역대 정권에서 얼마나 소외되었는지, 그 결과 지역 간 형평성이 가장 필요한 전국적 낙후 지역이 어디인지 말하는 것은 구차한 일이다.

정치적인 고려로 국가 백년대계가 왜곡된 사례가 얼마나 많은

가. 일부의 사사로운 이해에 휘둘려 잘못 결정된 정책의 후유증으로 국민이 얼마나 시달리고 있는가. 정부는 정치적 고려를 배제하고 상식과 순리에 따라 결정하면 된다. 결단은 빠를수록, 단호할수록 좋다는 것이 역사의 가르침이다.

경남 출신 한나라당 국회의원 일동은 한국토지주택공사 이전 지역 결정에 임하는 정부에 대해 다음과 같이 촉구한다.

1. 정부는 혁신도시 기능 제고와 지역 간 형평성 고려라는 원칙에만 충실할 것
2. 정부는 이 원칙 위에서 상식과 순리에 따라 결정할 것
3. 정부는 그 외 정치적인 고려를 일절 배제할 것
4. 정부는 가능한 한 최대한 신속하고 단호하게 결정할 것

서부 경남에도 국가에 충성하며 조용하게 살고 있는 국민이 있다

2009년 11월 9일 정기국회 대정부질문이다.

총리에게 묻습니다.

세종시는 정부의 9부 2처 2청이 옮기는 것이고, 혁신도시는 전

국 10개 도시에 157개 공공기관을 옮기는 것입니다. 수도를 나누는 것과 공기업이 지방으로 이전하는 것은 다른 이야기입니다. 세종시와 혁신도시는 전혀 다른 것인데 한쪽에 변화가 있다고 다른 쪽에 영향이 있을 것이라는 게 맞는 말입니까. 주택 공사와 토지 공사가 통합해 한국토지주택공사가 출범했습니다. 주공이 가기로 했던 경남과 토공이 가기로 했던 전북에서 본사 이전지가 나와야 하는데, 정부가 고심 중인 것으로 압니다. 정치적인 고려는 일절 빼고 합리적인 근거를 바탕으로 순리대로 결정해야 한다고 보는데 총리 생각은 어떻습니까. 혁신도시 탄생 전부터 오늘까지 과정을 누구보다 잘 압니다. 10개 혁신도시는 각자 핵심 기능을 가지고, 전국 차원에서 균형 발전을 이룬다는 취지에서 출발했습니다. 경남 혁신도시는 '첨단 주거 문화를 선도하는 녹색 친수도시'이고, 전북 혁신도시는 '농업 생명의 허브, 생물 생명 산업의 메카'입니다. 정부 홈페이지에 들어가면 전북 혁신도시를 '애그리콘 밸리Agricon Valley'라고 작명했습니다. 농업을 뜻하는 애그리컬쳐agricultre와 실리콘 밸리Silicon Valley를 합친 조어입니다. 또 주공이 토공에 비해 약 1배 반 정도 됩니다.

정부는 기준이, 혁신도시 기능 제고와 지역 간 형평성이라고 밝혔는데 옳은 기준입니다. 한 가지 덧붙일 것은 이런 결정은 신속하고 단호하게 하는 것이 최선입니다. 시간을 끌면 문제가 생깁니다. 옳은 것은 옳은 것이고, 그른 것은 그른 것입니다. 시간 끈다고 시끄럽게 한다고 변하는 것이 아닙니다. 그런 판단 능력은 있는 것이 우리 정부 아닙니까.

서부 경남은 정권이 여야로 교체되는 가운데서도 늘 소외됐고, 그 결과 가장 낙후된 지역으로 내내 고단하게 살고 있으나 나라 전체의 발전을 위해 묵묵히 감내하고 있습니다. 다만, 서부 경남에도 국가에 충성하며 조용하게 살고 있는 국민이 있다는 사실만은 알아주시기를 바랍니다.

LH, 정치생명이 걸린 일

2010년 8월 6일 열린 '한국토지주택공사 지방 이전 협의회' 4차 회의에서 국토해양부는 "경남과 전북은 20일까지 새로운 이전안을 제출하라. 안되면 정부안을 내겠다"라고 했다. 중요한 분기점이었다. 그동안의 일을 정리해 경남일보에 기고했다.

2009년 4월 30일 한국토지주택공사 통합법 국회 통과 이래, 계속되어 온 협상 과정에서 가장 큰 진전입니다. 이제 20일 이후면 정부가 본사 위치를 언제라도 결정할 수 있게 됐습니다. 소식을 듣자마자 즉각 협의회를 책임진 정부 관계자에게 이렇게 말했습니다.

“늦었지만 정말 잘했다. 쌍방이 걸린 문제에 대해 정부가 의견 수렴, 합의 유도 등 적절한 절차를 밟아야 한다는 것은 이해한다. 하지만, 애초부터 당사자 간 합의로 할 수 있는 사안이 아니라는 것은 정부도 잘 알고 있던 것 아니냐. 새 도지사에게 시간도 줄 만큼 줬으니 이제 정부가 나서서 신속, 단호하게 처리해 달라”라며 청와대와 정부 당국자에게도 이번 결정의 의미를 설명해 주었습니다.

저는 협상 시작 때부터 합의는 불가능한 일이라고 말해 왔습니다. 진주에는 주공이, 전주에는 토공이 가기로 돼 있고 둘 다 혁신도시의 중심인데, 그 통합 본사를 어디에 둘지 하는 문제를 당사자 대화로 해결한다는 것은 꿈같은 이야기라고 했습니다. 진주에도 사람이 살고 전주에도 사람이 살고, 진주에 국회의원이 있는 것처럼 전주에도 국회의원이 있다는 말도 했습니다.

그쪽 분위기를 짐작하게 해주는 에피소드가 있습니다. 집권당 대통령 후보를 지낸 정동영 의원이 재보선에 당선되고 처음 한 일이 혁신도시 의원 모임 가입이었습니다. 당선 직후 열린 모임에 정 의원이 참석했습니다. 언론계 시절부터 오래 친분이 있던 저는 “국가 지도자가 이런 지역 모임에 오느냐. 형님은 가소”라고 하자, 그는 “전주가 어렵다. 좀 봐주소”라고 말했습니다. 가벼운 농담이었지만 가슴은 무거웠습니다.

이 문제는 정부가 판단하고 결단할 일입니다. 내용을 살펴, 바른 판단을 내리고 판단이 섰으면 결단하면 되는 것입니다. 어려운 일일수록 신속, 단호하게 끝내는 것이 좋고 그렇게 하면 의외로 후유증을 줄일 수 있습니다.

정부는 정부 입장이 있기 때문에 당사자를 불러 협의하는 모양을 갖추지 않을 수 없었다는 점을 이해는 합니다. 하지만, 그렇게 해서 결론을 낼 수 있을 것으로는 믿지 않았을 것입니다.

우리 측 협상팀은 최선을 다했습니다. 정부가 양측에 협상안을 가져오라고 했으나 우리 측은 협상안을 아예 가져가지 않았습니다. 당연히 진주인데 무슨 협상안이냐는 논리였습니다.

전북 측은 본사와 20% 혹은 '본사 없이 80%'라는 이른바 2대 8 협상인을 제출했습니다. 이 안은 지난해 통합법안 국회 동과를 저지할 당시 '본사를 주면 통과시켜 주겠다'라고 하다가 여의치 않자 2대 8로 대폭 양보한다며 제안한 이후 일관되게 주장하고 있습니다.

우리 측은 끝내 안을 제출하지 않으면 불이익이 올 수 있다는 판단에서 뒤에 협상안을 제출하기는 했습니다. 전북 혁신도시의 핵심인 농업 관련 기관을 전부 진주로 준다면 양보할 수 있다는 내용으로, 전북에서는 도저히 받아들일 수 없는 그야말로 제출용 '안을 위한 안'이었습니다.

그런 상태에서 한 발짝도 진전을 보지 못한 것이 6일까지의 일입니다. 이제 마침내 결정의 날이 다가오는 셈입니다.

저는 18대 국회 후반기 상임위를 문방위에서 국토해양위로 옮겼습니다. 국토해양위는 지역구 의원들이 선호하는 위원회로 경쟁이 치열한데, 필자는 지망 1~3순위를 모조리 국토해양위로 적었습니다. 한국토지주택공사, 남강댐 물 문제, 대전-진주 고속철 등 우리의 주요 현안들이 모두 국토위 소관이기 때문입니다.

6년 동안 문방위에 있다가 처음 옮기는 위원회라 간사까지 맡으리라고는 기대하지 않았습니다. 진주와 서부 경남의 어려운 실정에 대해 오랫동안 줄기차게 주장한 것이 받아들여진 것 아닌가 싶습니다. 야당 간사는 전북 혁신도시 출신 의원입니다. 그래서 요즘 국회 주변에는 큰 구경거리 생겼다며 말들이 많습니다. 당사자들은 죽겠는데, 구경은 재미있는 모양입니다.

국토해양위로 간다고 할 때 주변에는 만류하는 사람도 있었습니다. 너무 정면승부가 되는 것 아니냐, 가서 안 되면 책임을 몽땅 지게 되는 것 아니냐는 것이었습니다.

하여간 이 일은 필자의 정치생명이 걸린 일이 됐습니다. 충무공 이순신 장군께서도 사즉생, '죽자면 산다'라고 하셨으니 죽자고 뛰어다닐 수밖에 없습니다. 저의 정치생명이 중요해서가 아니라 진주의 운명과 우리 후손들의 미래가 너무 중요해서 그렇습니다.

진주에서 온 한 통의 편지

2010년 9월 1일 진주로부터 한 통의 편지를 받았다. 9월 1일은 정기국회가 시작되던 날이다. 이날 진주에서 온 편지 한 통을 받았다. 내용은 이랬다.

이곳 진주의 날씨도 아스팔트가 녹을 정도의 무더위가 기승을 부리는 가운데, 지치고 무료함을 달래며 신문철을 넘기면서 경남일보 8월 9일의 최구식 의원님의 특별 기고 'LH 이전, 정부 결정만 남았다'라는 기사를 보았다. 그 내용이… (중략) 그러나 한편으로는 LH공사 진주 이전에 정치생명을 걸었다는 내용에서는 이 젊은 정치인 고뇌가 얼마나 깊기에 LH 이전이 여의치 못할 때 민심의 충격이 결코 자기에게 이로울 수 없음을 잘 알고 있으면서 이러한 내용으로 표현하였을까를 생각하면서…. (후략)

여기까지 읽다가 고개를 들고 창밖을 바라보았다. 칼럼을 다시 꺼내 읽었다. 편지에서 거론한 대목은 칼럼의 끝부분이다. "국토해양위로 간다고 할 때 주변에는 만류하는 사람도 있었다. 너무 정면승부가 되는 것 아니냐, 가서 안 되면 책임을 몽땅 지게 되는 것 아니냐"라는 것이다. 하여간, 이 일은 필자의 정치생명이 걸린 일이 됐다. 충무공 이순신 장군께서도 사즉생死則生, 죽자면 산다고 하셨으니 죽자고 뛰어다닐 수밖에 없다. 필자의 정치생명이 중요해서가 아니라 진주의 운명과 우리 후손들의 미래가 너무 중요해서 그렇다."

글을 쓰던 순간이 떠올랐다. 처음에는 알기 쉽게 '필자는 이 일에 정치생명을 걸었다'로 했다가 지우고 바꾸기를 거듭한 끝에 '정치생명이 걸린 일이 돼 버렸다'라고 했다가 결국 '됐다'로 했다. 평생 읽고 쓰기를 업으로 한 사람이 '이거나 저거나 그게 그것'이라는 사실을 몰랐겠는가만 하여간 그랬다. 그런 내 마음의 미세한 떨림까지 이해해 주신 편지를 옆에 두고 읽고 또 읽었다.

북평양 남진주

2010년 10월 22일 국토해양부 국정감사에서 장관에게 질문한 내용이다.

국토 개발에 대해 생각하는 바를 말하고 묻겠습니다. 풍선에 바늘구멍이 나면 바람이 다 빠집니다. 국토 어느 한 곳 소홀하게 생각해서는 안 됩니다. 오늘 대한민국은 수도권 이상 대비로 건강한 상태가 아닙니다. 국토가 건강해야 국민이 행복합니다. 무엇이 건강한 상태인가. 역사는 좋은 거울이 됩니다. 한반도에는 오늘 우리만 사는 것이 아니고 아득한 과거부터 선조들이 살아왔고, 그것은 잘 기록돼 있습니다. 진주를 들어 설명하겠습니다. 진주를 본관으로 하는 성씨가 80개입니다. 경주 87개에 이어 두 번째입니다. 고려 때까지 국가적 주요 도시였다는 증거입니다. 성종 12년 1481년에 나온 권위 있는 전통 지리서 <동국여지승람>에 '북평양 남진주'라는 대목이 나옵니다. 중앙에 한양이 있고 북부의 거점은 평양, 남부 거점은 진주라는 말입니다. 실제로 진주는 한반도를 몸통으로 했을 때 단전 부위, 남부지방의 중간에 자리 잡고 있습니다. 고종 33년 1896년, 8도가 13도로 개편되고 도청이 생겼는데 경남도청은 너무나 당연하게 진주에 생겼습니다.

서부 경남이 낙후되기 시작한 것은 일제 강점기 때부터입니다. 1925년 도청이 이전됐습니다. 한반도에 사는 우리와 일본 제국주의자들의 처지와 이해가 달랐을 것입니다. 이후 서부 경남은 급속히 쇠락해 지금은 남북 접경지역, 경북 북부 지역, 도서 지역 등과 함께 6대 낙후 지역에 속합니다.

진주가 북평양 남진주라는 말처럼 발전했다면 영호남은 사실상 연결됐을 것입니다. 그렇게 됐다면 우리 현대사의 아픔인 영호남 갈등의 역사가 많이 달라졌을 것입니다. 진주는 여수, 순천, 광양과 한 도시가 되었을 것입니다. 진정한 화합은 영호남 커플 결혼이나 체육대회 같은 이벤트로 되는 것이 아닙니다.

경남 혁신도시를 단지 낙후 지역 한 곳에 대한 시혜로 생각하지 말고, 통일 시대를 앞두고 한반도의 단전에 다시 온기를 넣어 전체를 건강하게 만드는 대역사로 보고 제대로 해주시기를 바랍니다.

최종 결정, 더 이상 미룰 수 없다

2010년 11월 23일 한나라당 경남의원 긴급간담회가 열렸다. 정종환 장관에게 'LH 경남 일괄 이전 당위성 설명 자료'를 전달했다.

* 이주영 국회의원: LH공사 분산 배치는 비효율의 극대화며 국가에 손해를 끼치는 안이한 결정이다.
* 김학송 국회의원: LH공사 본사 이전 문제는 진주만의 문제가 아니라 경상남도의 문제다. 주공·토공을 통합한 기본을 생각

하면 일괄 이전은 자명하다.

* 김정권 국회의원: 정운찬 전 총리도 일괄 이전이 맞다고 했고, 김황식 총리도 원칙적으로 일괄 이전이 맞다고 했다. 국민 60%도 일괄 이전이 맞다고 한다.

* 김재경 국회의원: LH공사의 이전 문제는 이미 시기를 놓쳤다. 서부 경남을 비롯해 경남의 정서가 이미 많이 지쳤다. 그 표출이 지난 지방선거에서 나왔다. 물론 큰 책임은 정치인들이겠지만 LH공사 이전 문제로 인한 영향도 컸다고 본다. 토지 공사와 주택 공사를 통합할 때도 큰 우려가 있었지만, 다행히 별일이 없었다. 하루빨리 결정해야 한다. 너무나 시급한 사항이다.

* 안홍준 국회의원: 그동안 호남 지역은 여수박람회, J프로젝트, 광주 문화 중심도시, 무주 태권도 공원, 새만금 사업, F1 자동차 경주 등 엄청난 혜택을 받았다. 따라서 이번 LH공사는 진주로 일괄 이전 해야 한다. 더 이상 경남이 역 차별당해서는 안 된다.

* 이군현 국회의원: 지난 10년간 경남이 역차별을 많이 당했다. 이번은 LH공사가 경남 진주로 일괄 이전 해야 한다.

* 조해진 국회의원: 정부가 느끼는 고민이나 부담은 이해가 된다. 그렇다고 너무 많이 생각하고 궁여지책을 하다 보면 시기를 놓친다.

* 조진래 국회의원: 세종시 문제가 얼마나 비효율적이었는지 장관은 잘 알고 있다. LH공사 분산배치도 얼마나 비효율적인지 잘 알고 있을 것이다.

* 최구식 국회의원: LH공사 이전과 관련, 특정 지역과 정파의 무리한 주장이 도를 넘어서고 있다. 우리 정부 공기업 선진화의 상징인 공사 통합을 최후의 일각까지 방해하더니 이제 분산 배치를 주장하고 있다. 분산이 뭐냐. 통합 반대라는 뜻이다. 그러니까 표현은 다르지만, 처음부터 지금까지 일관되게 반대 입장을 고수하고 있다는 것이다. 혁신도시의 본질은 국가균형발전이다. 도청 소재지와 전국 6대 낙후 지역 중 어디를 발전시켜야 균형 발전이 되는지 자명하다. 일단 합친 것을 나누는 것은, 합치지 않았던 것보다 훨씬 나쁘다. 겨우 안정되고 있는 조직을 흔들면 감당할 수 없게 된다. 나눈다면 어떻게 나눌 거냐. 2대 8, 3대 7, 4대 6, 5대 5, 6대 4, 7대 3, 8대 2 어느 것이 정답이냐, 공사와 나라 모두 더 큰 재앙의 시작이 될 것이다. 일은 신속 단호가 생명이다. 어려워 보이는 일일지라도 옳은 방향을 잡고 신속하고 단호하게 실행하면 생각보다 후유

증이 적다. 옳은 방향이 어딘지는 다 안다. 신속하고 단호하게 하면 된다.

* 정종환 국토부 장관: LH 이전 문제는 더 이상 미룰 수 없으며 합리적으로 결정해 정치적 파장이 최소화되도록 최선의 방안을 만들겠다. 심려를 끼쳐 죄송스럽다. 정부는 합의하려고 노력했으나 실패했다. 현재 입장에서는 합의 도출이 어렵다. 가능한 한 빨리 결정을 내리겠다. 합리적으로 결정해 정치적 파장이 최소화될 수 있도록 최선의 방안을 마련하겠다. 더 이상 미룰 수 있는 상황이 아니다.

공개 질의

2011년 4월 28일 진주시장과 두 국회의원 3인 명의로 전북에 공개 질의를 했다.

LH 이전 문제로 전북과 경남이 첨예하게 대립하고 있다. 문제는 분산 배치냐, 일괄 이전이냐 하는 것이다. 결론은 분산은 불가능하다는 것이다. 이 문제는 어제오늘의 일이 아니라 오랜 시간에 걸쳐 수많은 정책 결정자가 심사숙고해 온 일이다.

분산 배치란 통합 이전으로 되돌리자는 것인데 아예 통합하지 않았던 것보다 훨씬 나쁘다. 분산 배치를 놓고 논란이 벌어지는 것 자체가 LH공사에 부담이 된다.

그럼에도 전북이 분산 배치를 끊임없이 주장하는 것은 애당초 약속받았던 몫을 달라는 것이다.

어제(27일) 삼성과 전라북도, 국무총리실, 농림수산식품부, 지식경제부가 현재 개발이 진행 중인 새만금 지역에 '그린에너지 산업단지'를 조성하기 위한 부지(350만 평) 확보 관련 양해각서를 체결했다.

삼성은 2021년부터 2025년까지 1차로 125만 평 부지에 7조 6,000억 원을 투자해 풍력발전기, 태양전지, 에너지 스토리지 시스템, 그린에너지 종합 R&D 센터, 종업원 주거 시설 등을 건설할 계획이다. 예상 근무 종업원 수만 약 20,000명이라고 한다.

이에 우리는 다음 사항을 공개 질의한다.

1. 전북은 우리나라 최대 기업인 삼성의 이런 엄청난 투자를 받고도, LH 분산 배치를 계속 요구하는 것은 지나친 욕심 아닌가.

2. 김완주 전북지사는 언론에서 "삼성의 새만금 투자는 삼성이 앞날을 위해 기업적인 측면에서 결정한 것으로 LH 지방 이전 문제와 전혀 별개이며 무관하다"라고 밝혔는데, 이번 삼성의 투자가 기업의 앞날만을 위해 결정한 것이라고 보는가.

LH 진주 일괄 이전 확정

2011년 5월 16일 오후 3시 김황식 국무총리 담화가 발표됐다. LH 이전 문제가 완전히 종결된 것이다. 진주 시민께 감사하는 성명을 발표했다.

5월 16일 오후 3시 김황식 국무총리 담화가 발표됐습니다. LH 이전 문제가 완전히 종결됐습니다. 공공기관 이전에 관한 말이 나오고, 장장 7년에 걸친 대장정의 막이 내린 것입니다.

시민 여러분, 정말 고생하셨습니다.

축하 인사, 축하 전화 많이 받았습니다. 고맙고 자랑스럽다고 말씀하시는 분도 계셨습니다. 하지만 저는 시민 여러분이 참 고맙고 자랑스럽습니다. 돌이켜보니 아득히 먼 길입니다. 진주 혁신도시 결정된 지 5년 반 넘었습니다. 주공-토공 통합 말 나온 지 3

년이 넘었습니다. LH공사가 출범한 지 1년 반 넘었습니다. 그냥 흐른 시간이 아니었습니다. 수많은 고비와 우여곡절의 연속이었습니다. 혁신도시 유치 성공하니, 준혁신도시가 튀어나왔습니다. 겨우 막아냈더니 주공 토공이 통합했습니다. 통합 본사를 놓고 사활을 건 유치전이 끝없이 이어졌습니다. 얼마나 답답하고 불안하고 짜증 나셨습니까. 그런데도 시민 여러분께서는 일절 내색 안 하시고 묵묵히 인내하며 기다려 주셨습니다. 그 결과가 오늘입니다. 자산 총액 6위(주공)와 10위(토공)가 통합해 탄생한 LH는 삼성그룹에 이어 두 번째, 단일 기업으로는 가장 큰 회사이고, 2010년의 경우, 예산 47조 3천억 원(올해는 36조 4천억)에 계약 건수 3,735건입니다. 이제 시작입니다. '북평양 남진주'로 우리나라에서 가장 중요한 도시였던 진주가 오랜 잠에서 깨어 위대한 도시로 부활하고 있습니다. LH와 혁신도시는 그 부활을 알리는 힘찬 날갯짓이 될 것입니다. 아울러 진주 혁신도시의 성공은 동서 화합을 촉진하고 남북통일 시대를 앞두고 건강한 국토 발전을 이루는 결정적인 계기가 될 것입니다.

존경하는 진주 시민 여러분, 이 원대한 꿈을 가슴에 안고 희망과 용기를 갖고 새 역사를 개척해 나갑시다. 감사합니다.

제4부

남강댐과
물 문제 해결

남강댐 물 문제

2009년 1월 LH 이전 문제에 정신이 없는 와중에 느닷없이 남강댐 물 문제가 터졌다. 남강댐의 수위를 높여 그 물을 부산으로 가져간다는 계획을 국토부 일부 공무원들이 밀실에서 추진하던 것이 드러난 것이다. 2008년 10월 청와대 보고를 마치고 예산 편성까지 끝난, 말하자면 상황 종료 상태였다. 엄중한 사태라고 판단했다. 모든 수단을 동원해 원점으로 돌렸다.

- 도의회 도정질문서 첫 문제 제기(2009년 1월 22일)
- 진주갑 국회의원-시도 의원 비상 대책 회의 소집(2009년 1월 23일)
- 국회의원-시도 의원 비대위 2차 회의(2009년 1월 24일)
- 국회의원-시도 의원 비대위 3차 회의(2009년 1월 25일)
- 남강댐 물 문제 기자회견(2009년 1월 28일)
- 경남일보 칼럼(2009년 2월 2일)
- 경남 국회의원 긴급 간담회(2009년 2월 3일)
- 경남 국회의원-경상남도 간담회(2009년 2월 27일)
- 국토부 공개 질의서 전달(2009년 3월 12일)
- 기재부 예비 타당성 조사 결과에 대한 성명 발표(2009년 12월18일)

- 수자원공사 타당성 조사 착수에 대한 성명 발표(2009년 12월 22일)
- 국토해양부의 압력 행사에 대한 성명 발표(2010년 1월15일)
- 국토해양부 공문에 대한 성명 발표(2010년 1월 18일)
- 남강댐 물 정책 간담회(2010년 3월4일)
- 남강댐 수위 상승 반대 진주위원회 간담회(2010년 3월24일)
- 남강댐 물 부산 공급 사업 착수설에 대한 입장 발표(2010년 7월6일)
- 수공 경남본부장 발언에 대한 입장 발표(2010년 9월8일)
- 장만석 국토부 수자원실장 면담(2010년 9월 14일)
- 정내삼 국토부 수자원실장 면담(2011년 10월 11일)

남강댐

(출처: 기후에너지환경부)

남강댐은 거대한 물 폭탄

2009년 1월 28일 남강댐 물 문제 기자회견이다.

국토해양부를 중심으로 부산 등지의 식수 공급을 위해 남강댐 수위를 4m 높이는 방안이 추진되고 있다. 남강댐에서 하루 107만 톤(연 3억 9천만 톤)의 물을 추가 확보해 이를 부산(65만)과 마산(16만), 창원(10만), 진해(7만), 양산(8만), 함안(1만)에 공급하기 위한 것이다. 올해 공사를 시작해 2012년에 완공하겠다는 것이 정부의 계획이라고 한다.

정부의 계획은 절차와 내용 모두에서 중대한 결함이 있는 것으로, 절대 불가하다는 것이 우리의 입장이다.

먼저, 이 사안은 진주와 사천, 산청 등 댐 인근 지역 주민의 동의 없이는 불가능하다. 이 지역 주민들은 이미 엄청난 수해를 매해 입고 있다.

99년 댐 보강 공사를 했지만, 루사(2002), 매미(2003), 에위니아(2006), 나리(2007)까지 해마다 엄청난 태풍 피해를 보았다. 에위니아 때는 문산 시가지 전체가 물에 잠기고 사망자까지 생겨, 그해 수해의 대명사로 전 언론에 대대적으로 보도됐다. 사천 시민들은 남강댐 방류 현장에 텐트를 친 채 "방류하면 여기서 죽겠다"라며 결사적으로 방류를 막는 실정이다.

전 지구 차원의 이상기후를 보면 앞으로 홍수 규모는 커지면 커졌지 줄어들 가능성은 작다. 남강댐 보강공사도 200년 만의 홍수에 대비했다고 하는데 벌써 3번을 초과했다는 것이 그 증거다. 앞으로 얼마나 더 큰 재앙이 올지 모르는 것이다.

이런 상황에서 피해를 줄여주려는 노력이 아닌, 위험을 더한다는 것은 말이 되지 않는다. 전국에 많은 댐이 있지만 남강댐처럼 도시가 물 폭탄을 이고 사는 경우는 거의 없다. 그런데도 진주와 사천, 산청 주민들은 주변 지역의 맑은 물 공급을 위해 희생과 고통을 묵묵히 견뎌왔다.

그런데 피해 지역 주민에게는 쉬쉬한 채, 수혜 지역만 불러 밀실에서 회의하고 자기들끼리 결정한다는 일이 도대체 있을 수 있는 일인가.

물론, 좋은 물을 나누어 먹을 수 있으면 얼마나 좋은가. 하지만, 이웃에 좋은 물을 주기 위해 위험을 감수하라는 것은 말이 안 된다. 특정 지역의 삶의 질을 위해 다른 지역에 생명의 위협을 감수하라는 것이 말이 되는가.

이에 우리는 다음과 같이 취지를 밝힌다.

1. 국토해양부는 밀실에서 일방적으로 추진해 온 모든 절차를 즉각 중단하고 원점에서 재검토할 것을 요구한다.
2. 남강댐 물 문제는 진주, 사천, 산청, 함양, 하동 등 해당 지역 주민의 동의 없이는 추진할 수 없다는 사실을 천명한다.
3. 향후 일방적으로 절차를 진행한다면 우리는 생존권 확보 차원에서 강력히 대응할 것임을 밝혀둔다.

누구에겐 물 문제지만 우리에겐 생사 문제

2009년 2월 2일 경남일보 칼럼이다.

28일 진주시청 기자실에서 남강댐 문제에 대해 "정부 계획은 절대 불가"라는 성명을 발표하자, 한 기자가 "여당 의원이 정부가 하겠다는 일에 언제까지 반대할 수 있겠나"라고 물었다. 답은 명백하다. 우리 정부가 하는 일이라도 잘못이 있으면 백번이라도 불가하다.

남강댐 문제에 관해서, 국토해양부는 첫 단추부터 잘못 끼웠다. 문제는 지난해 10월 27일 시작됐다. 국토부가 '부산 경남권역 물 문제 해소 대책 회의'를 소집했는데 참석 범위에서 택일, 의제, 진행, 사후 처리에 이르기까지 부적절했던 것으로 드러나고 있다.

먼저 참석 범위. 국토부 산하기관으로 실무를 책임진 수자원공사에다 부산, 울산, 경남, 마산, 창원, 진해, 양산이 참석했다. 당사자인 진주와 사천은 초대받지 못했다. 날짜는 환경올림픽이라는 람사르총회 개막일로 잡았다. 대통령이 오고 도청에 초비상이 걸린 날이었다. 도에서 6급 실무자가 겨우 참석했다. 회의 진행도 물 공급은 기정사실로 해놓고 수요량, 수원 확보 방안, 재원 분담 방안 등 실무 지엽적인 문제를 준비해 온 안을 놓고 논의하는 식이었던 것으로 보도됐다. 먹고 싶은 지역만 불러서 '동의하지?'라고 묻고 경남이 다 동의했다고 결론을 내린 셈이다.

일은 더 뒤틀려 갔다. 이틀 뒤 국토부에시 도칭에 "경남도가 동의했다"라는 공문을 보냈다. 참석했던 실무자가 항의했으나, 그게 그거 아니냐며 뭉개버렸다. 이어 청와대 보고와 예산 배정까지 일사천리로 진행됐다. 그러니까, 가장 중요한 참석자와 가장 중요한 의제를 배제한 채 일종의 '면피용 회의'를 하고는 이를 토대로 밀어붙인 셈이다.

문제의 공문이라도 제대로 처리됐다면 그때 실마리를 잡을 수 있었다. 하지만, 공문은 과장의 결재 선에서 멈춘 채 더 이상 보고되지 않았고 잊히고 말았다. 그러다 지난달 22일 도정 질문을 통해 전모가 드러났고 이후 걷잡을 수 없이 커지고 있는 상황이다. 김태호 지사는 도의회 직전에야 내용을 파악하게 됐다고 한다. 진짜 몰랐나, 몰랐다는 게 말이 되느냐 등등 뒷말이 있다고 한다. 하지만, 실무자 선에서 사안의 중대성을 판단하지 못했을 수 있고 무엇보다 이런 문제는 정부가 처음부터 사실대로 털어놓고 논의해야 할 문제이지 특종 기사 취재하듯 알아내야 하는 문제는 아니다.

'남강댐 용수 공급 증대 사업', '부산 경남 광역상수도 사업' 등으로 불리는 이 사업은 남강댐 수위를 지금보다 4m 높여 확보한, 하루 107만 톤의 물을 각각 부산(65만), 마산(16만), 창원(10만), 진해(7만), 양산(8만), 함안(1만)에 공급한다는 것이다. 지금은 진주, 사천, 남해, 하동, 통영, 고성, 거제로 하루 40만 톤씩 공급된다. 1조 3천억 원을 들여 올해 시작해 12년 완공한다는 계획이다.

정부 입장은 "낙동강 오염이 심하니 어차피 바다로 흘러갈 남강물을 부산에 좀 주자. 홍수 관리는 걱정하지 말라"는 것이다. 부산도 비슷한 입장이고, 동부 경남에도 일부 동조하는 시각이 있다.

하지만, 이는 남강댐의 실정을 모르는 데서 나온 위험한 발상이다. 진주 사천은 물론, 산청, 함양, 남해, 하동까지 남강댐 주변은 지금도 해마다 크고 작은 수해에 시달린다. 99년 댐 보강 공사를 완공하면서 2백 년 빈도에 맞췄다고 큰소리쳤지만 2002, 2003, 2006년까지 벌써 3번이나 피해를 입었다. 문산 시가지 전체가 물에 잠겨 사람이 죽고, 사천 시민들이 방수로에 텐트를 친 채 "잠겨 죽으나 빠져 죽으나 마찬가지"라며 방류를 결사 저지한 일이 불과 얼마 전이다.

그런데 왜 일을 이렇게 할까. 진정 우리의 실정을 모르는 것이다. 정부도 부산도 우리가 거대한 물 폭탄을 안은 채 불안한 가슴으로 전전긍긍하며 여름을 맞고 있다는 사실을 잘 몰라서 이런 식으로 일을 진행하고 있는 것 같다. 설마 알고도 그러겠는가.

직접 피해 지역인 진주갑 시도 의원들과 함께 지난주 청원을 방문한 자리에서 이렇게 말했다. "남강댐 문제가 누구에게는 물 문제이고, 누구에게는 환경 문제인지 모르겠으나 우리에게는 생사 문제이다."

주먹구구, 임기응변, 탁상공론

2009년 2월 3일 경남 국회의원 긴급 간담회 자료다.

1. 정부 계획

- 명칭-남강댐 용수 공급 증대 사업 혹은 부산 경남 광역상수도 사업

- 목적-남강댐 수위를 지금보다 4m 높여 추가 확보된 하루 107만 톤의 물을 각각 부산(65만), 마산(16만), 창원(10만), 진해(7만), 양산(8만), 함안(1만)에 공급. (현재 하루 40만 톤을 진주, 사천, 하동, 남해, 통영, 고성, 거제, 등 7개 시군에 공급)

- 내용-사천만 쪽에 새로 수로(방류하는 수문으로 현재 하나 있음)를 만들고 물 공급용 관로를 부산까지 설치하는 것. 올해 착공, 2012년 완공.

2. 남강댐 현황

- 99년 보강 공사 준공, 보강 공사는 2백 년 빈도 홍수에 대비했다고 함. 그러나 2002(루사), 2003(매미), 2006(에위니아) 등 7년 만에 3차례나 정부 계획 초과하는 수해.

- 에위니아 때 문산읍 시가지 전체가 물에 잠겨 사망자 발생. 그 해 대표적인 수해 현장으로 대대적으로 보도. 한나라당 지도부가 수해 첫 방문지로 잡았을 정도.

- 홍수 때마다 남강댐 방류로 상습 침수 피해를 보는 사천 시민들이 방류 현장에 텐트를 친 채 '방류로 침수돼 물에 잠겨 죽으나 방류되는 물에 쓸려 죽으나 마찬가지'라며 시위.

- 남강댐 방류로는 진주와 사천 쪽 두 개. 진주 쪽 방류수는 남강이 되어 78킬로미터를 흘러 창녕 남지에서 낙동강에 합류하는데 진주가 직접 침수되는 것은 물론이고, 낙동강 합류 지점에서 남강물을 수용하지 못하고 역류하면서 함안 쪽 평야지대 침수의 원인이 됨. 사천 쪽은 가화천에 합류해 11킬로미터를 흘러 사천만으로 빠짐. 역시 직접 침수 피해는 물론이고 엄청난 강물이 바다에 들어가면서 담수화가 초래돼 사천, 남해, 하동의 어업에도 막대한 피해 초래.

- 이 때문에 홍수 기간만 되면 양 지역 간에 사활을 건 '방류 전쟁'이 벌어지고 있음. 최근에도 침수된 남강 하류 지역에서 "물을 사천으로 빼라"라고 하자 사천 쪽에서 격렬하게 반대함.

3. 추진 과정에서 드러난 문제점

A. 이상한 회의

- 첫 회의는 국토부가 소집한 '부산·경남권역 물 문제 해소 대책 회의'(2008. 10. 27). 오후 3시부터 1시간 35분 동안 국토부 회의실(422호)서 개최.

- 참석자는 16명. 국토부에서 수자원정책관, 수자원개발과장 등 5명, 수자원공사에서 수도계획팀장 등 4명, 부산, 울산, 경남, 창원, 마산, 진해, 양산 각 1명 등. 가장 중요한 당사자인 진주와 사천은 배제.

- 경남도는 당시 람사르총회 개막(28일) 준비로 정신이 없는 상태로 6급 실무자 1명이 참석. 따라서 참석자 16명 중 15명은 수혜자라는 같은 입장이고, 다른 의견을 낼 수 있는 사람은 도청 6급 1명뿐이었음. 물 먹고 싶은 쪽만 불러 '물 먹는 데 동의하느냐'고 묻고 경남도 사람들도 동의했다고 몰아가는 식으로 진행.

B. 수상한 공문

- 회의 이틀 뒤 국토부가 회의 결과 공문을 경남도에 발송함. 도청환경지원 과장 앞으로 '경남도 동의'라는 취지의 공문을 보냈고, 이를 본 도 측 참석자가 "동의하지 않았는데 왜 동의했

다고 하나"라고 국토부 관계자에게 항의했으나 그게 그거 아니냐며 묵살. 공문은 과장 결재 선에서 처리되고 더 이상 보고되지 않았다고 함.(당사자들 말은 엇갈리고 있음)

- 국토부, 청와대 보고(12. 22.) 등 사업 착착 진행함. 이 사업에서 가장 중요한 것은 피해 지역의 '당사자 동의'인데 이 부분에 대한 원천적이고 결정적인 하자에도 불구하고 진행함. 직접 당사자인 수공 남강댐 관리단도 최근에야 내용을 알게 된 것으로 보임.

- 김태호 경남지사는 허위 보고 책임을 물어야 한다는 강경한 입장임. 핵심 당사자를 배제한 채 밀실에서, 그것도 일방 통행식으로 강행한 부분에 대해서는 이유와 책임을 가려야 한다는 것.

C. 공급량도 오락가락

- 첫 회의에서 논의된 남강물 공급량은 부산 100만 톤, 양산 5만 톤이었음. 그런데 문제가 되자 부산은 65만 톤으로 줄이고 나머지를 동부 경남에 공급한다고 바꿈. 수많은 서부 경남 주민의 생명과 재산이 걸린 중대한 사안을 주먹구구, 임기응변, 탁상공론으로 임하고 있다는 반증.

4. 남강댐 인근 주민들의 입장

- 진주, 사천, 산청, 함양, 남해, 하동 등 피해지역 주민들은 이 문제를 식수 문제나 환경 문제가 아닌 생사 문제로 받아들이고 있음. 지금도 거대한 물 폭탄을 이고 안은 채 올해 또 무슨 난리를 겪나 하고 불안하게 살고 있음. 지금 당하는 수해를 줄여주는 것도 모자랄 판에 위험을 급격히 증대시키는 것은 안 된다는 것.

- 과정은 물론이고 계획안 자체가 부실하며 그마저도 땜질식으로 계속해서 바뀌고 있는 데에 대해 극도의 불신. 국토부 측은 수위를 4m 높여 운용해도 문제가 없다고 주장하지만, 지금도 물 부족이 심각한 상태에서 1~2m 높인다는 말도 안 하다가, 느닷없이 4m나 높여도 문제가 안 된다는 말은 믿을 수 없다는 것. 남강댐은 현재 상황에서는 현재 수위가 감당할 수 있는 가장 높은 수위 아니냐는 것.

- 이상 기후가 일상화되고 재난의 규모가 점점 커지고 있는 상황까지 고려하면 현재의 정부 계획은 절대 불가. 원점 전면 재검토 외의 대안 없다는 것.

더 이상 방류하면 쏜다

2009년 2월 27일 경남 국회의원·경상남도 간담회 자료다.

1. 국토부의 사실 호도

- 댐은 69년 완공 99년 보강 공사 준공, 보강 공사는 2백 년 빈도 홍수에 대비했다고 함. 그러나 2002(루사), 2003(매미), 2006(에위니아) 등 7년 만에 3차례나 초과하는 수해 발생. 현재 이미 남강댐은 충분히 위험함.

- 국토부의 계획은 남강댐 수위를 지금보다 4m 높여 하루 107만 톤의 물을 추가 확보하겠다는 것. 국토부는 4m 높일 경우, 추가 확보되는 수량 107만 톤만 언급하고 수위를 높일 경우 실제로 늘어나는 수량은 감추고 있음. (초기에는 실제 수량에 관한 질문에 107만 톤이라고 답한 일도 있었음)

- 이 과정에서 숫자 놀음 등 교묘한 방법으로 사실을 호도. 4m 높일 경우, 담수량은 최대 1억 1,200만 톤(41m~45m) 증가. 남강댐 담수량은 3억 9백만 톤이라고 공식적으로 돼 있지만 이는 계획 홍수위인 최고 수량(45m) 기준으로 평소에는 훨씬 못 미침. 2월 27일 현재 담수량은 5천9백만 톤.

- 수위 등 제원은 모두 해발로 표기하는데(예를 들면 상시 만수위 41m 등) 댐 바닥은 일절 언급하지 않음. 남강댐 저수지 바닥 해발은 평균 28~29m. 따라서 상시 만수위라 해도 수심은 평균 12~13m에 불과. 2월 27일 현재 수위는 36.2m, 수심은 7.2m. 따라서 4m를 높인다는 것은 현재 수심의 절반 이상을 추가로 높인다는 것으로 상상할 수 없는 일. 바닥을 언급하지 않음으로써 41m에 4m 추가하는 것으로 별것 아닌 것으로 오인하게 하는 의도가 아닌지 의심됨.

2. 국토부의 수상한 회의와 수상한 공문

- 2008년 10월 27일 '부산·경남권역 물 문제 해소 대책 회의' 오후 3시부터 1시간 35분 동안 국토부 회의실(422호)서 개최. 참석자는 16명. 국토부에서 수자원정책관, 수자원개발과장 등 5명, 수자원공사에서 수도계획팀장 등 4명, 부산, 울산, 경남, 창원, 마산, 진해, 양산 각 1명 등. 가장 중요한 당사자인 진주와 사천은 배제.

- 정책 라인은 조중범 주무관, 이춘우 사무관, 안시권 과장, 노재화 수자원정책관 등임. 조중범 주무관은 2008년 10월 27일 회의에 배석했다며 남강댐 물, 부산 공급에 대해 경상남도가 동의했다고 주장하고, 이를 토대로 밀어붙이고 있음.

- 경상남도 확인 결과 사실과 다름. 2008년 10월 27일 회의에 참석한 경상남도 환경지원과 상수도 담당 이주태 주무관은 전에 취수 방재과에서 방재 업무를 담당해서 홍수 피해, 자연재해 등에 대해 잘 알고 있는 상황이었음. 당시 회의 석상에서 남강댐 문제가 거론되자 남강댐을 높였을 경우 홍수가 나면 큰 피해가 생긴다고 문제점 바로 지적했다고 함.

- 국토부는 10월 29일 회의 결과의 공문을 도로 보냄. 이주태 주무관은 도가 동의했다는 부분을 보고 국토부 이춘우 사무관과 고성이 오갈 정도로 강력하게 항의했음. 이춘우 국토부 사무관은 이주태 경남도 주무관의 항의에 대해 11월에 회의가 또 있을 예정이니 그때 다시 논의하자며 무마했음. 그러나 국토부는 11월 회의를 개최하지도 않고 일방적으로 청와대에 보고를 마쳤음. 현재 이주태 주무관은 '동의' 여부를 두고 향후 소송까지 불사하겠다는 강한 의지가 있다고 함.

3. 해마다 터지는 물 폭탄(피해 사례)

- 남강댐 방류로는 진주와 사천 쪽 두 개. 진주 쪽은 남강이 되어 78킬로미터를 흘러 창녕 남지에서 낙동강에 합류하는데 진주 침수는 물론이고 낙동강 합류 지점에서 남강물을 수용하지 못하고 역류하면서 함안 쪽 평야 지대 침수. 사천 쪽은 가화천에 합류해 11킬로미터 흘러 사천만으로 빠짐. 역시 직

접 침수 피해는 물론이고 엄청난 강물이 바다에 들어가면서 담수화가 초래돼 사천, 남해, 하동의 어업에도 막대한 피해 초래. 이 때문에 홍수기만 되면 양 지역 간에 사활을 건 '방류 전쟁'이 벌어지고 있음.

- 2002년 8월 31일(루사) 남강댐관리단은 댐 하류 지역에서는 물을 방류하지 말라 하고 상류 지역에서는 빨리 방류하라고 거의 협박 수준으로 요구. 이후 피해 지역 주민들은 숱하게 남강댐 관리단을 항의 방문. 상류 지역에서는 남강댐이 물을 제때 방류하지 않아 침수 피해를 입었다는 것이고, 하류 지역에서는 기준을 초과해 남강댐 물을 흘려보냄으로써 양식장 등에 피해를 봤다는 것이었음.

- (상류의 경우) 태풍 루사 당시 함양 마천 등 지리산 지역에 시간당 100mm 이상의 폭우가 쏟아지자, 임천강과 위천이 합류하는 경호강 상류의 산청군 생초면 소재지 전체가 침수돼 368세대 890명의 수재민이 발생했음. 당시 주민들은 방류를 제때 하지 않아 피해를 봤다며 '남강댐 폭파' 피켓을 늘고 연일 시위 벌였음.

- (하류의 경우) 루사 당시 사천만으로 방류한 물은 모두 6억 3,900만 톤으로 남강댐 저수량 3억900만 톤의 두 배가 훨씬

넘는 양이었음. 이로 인해 사천만 연안의 하천과 주택, 농작물, 어업 피해는 물론 3300톤의 쓰레기가 유입돼 바다가 오염되는 등 사상 최대의 피해가 발생했음. 해상 가두리 양식, 피조개 양식, 주택 침수, 농경지 침수, 하천 제방 유실 등 모두 136여억 원의 막대한 피해를 입었음.

- 공군 제3훈련비행단장은 남강댐 관리단을 방문, 당시 최고 초당 5,430톤(최대 허용 방류량 3,250톤)의 방류량을 3,000톤으로 낮춰 공군 비행장 침수 위기 가까스로 모면. 단장이 권총을 빼들고 위협했다는 소문 지금까지 회자. 남해 바다는 일거에 터진 물 폭탄으로 거의 담수화 염분 농도가 안 맞아 피조개, 바지락 떼죽음.

- 2003년(매미) 태풍 때, 사천 시민들은 '어업 피해 배상을 받지 않아도 좋으니, 사천만 쪽으로 방류를 하지 말라'며 남강댐 제수문 아래 강바닥에서 60명이 '육탄 방류 저지' 시위를 벌이다가 경찰에 끌려 나오기도 했음.

- 당시 물을 감당하지 못해 진주 방면으로 초당 300톤의 물을 방류하자 남강댐 하천 변의 진양교 아래 도로를 비롯해 촉석루~동방호텔 간 도로 등이 침수돼 차량 통행이 전면 통제. 남강이 낙동강에 합류하는 창녕 남지에서 역류가 발생, 의령 및

함안 지역은 비닐하우스와 벼, 논이 물에 잠기고 돼지우리가 침수되는 등 막대한 피해.

- 2006년(에위니아) 태풍 때, 문산읍 시가지 전체가 물에 잠기고 사망자 발생. 그해 전국에서 가장 대표적인 수해 현장으로 한나라당 지도부가 수해 첫 방문지로 잡았음.

공개 질의

2009년 3월 27일 국토부에 공개 질의를 했다.

남강댐 물 문제로 인한 갈등이 경남, 부산을 넘어 영남 전역으로 확대되고 있다. 남강댐에서 촉발된 이번 물 문제는 현 정권의 근거지를 뒤흔들면서 지지 세력을 분열, 반목하게 하는 결과를 낳고 있다. 일부 당국자의 시대착오적이고 분별없는 정책 판단이 걷잡을 수 없는 상황으로 치닫고 있다. 지금까지 확인된 일부 국토부 관련 당국자의 행동은 관 주도, 탁상공론, 밀실 행정, 일방통행, 숫자 놀음 등 2009년 대한민국에서 벌어진 일이라고는 상상할 수 없는 것들이 많다.

현 상황에서 남강댐 수위를 4m 높이는 것은 하고 싶어도 할 수가 없는 일이다. 할 것이냐 말 것이냐 하는 선택의 문제가 아니다. 핵폭탄보다 위험한 물 폭탄을 안은 채 전전긍긍 살아가는 수십만 서부 경남 주민들에게, 다른 지역 주민의 깨끗한 물을 위해 생명과 재산의 위험을 감수하라고 하는 것은 있을 수 없는 일이다. 이에 우리는 다음 사항을 공개 질의한다.

1. 문제는 2008년 10월 27일 '부산·경남권역 물 문제 해소 대책 회의'로부터 시작됐다. 당시는 페놀 사태처럼 식수와 관련된 특별한 사건이 발생한 때가 아니었고 따라서 시급하게 대책이 필요한 시기도 아니었다. 이런 시점에 느닷없이 물 문제 대책 회의를 연 이유는 무엇인가. 회의를 기획한 책임자는 누구인가. 10월 27일 회의에 가장 중요한 당사자인 진주와 사천을 배제했다. 배제한 이유는 무엇인가. 배제를 결정한 책임자는 누구인가.

2. 2008년 10월 29일 경남도에 보낸 '부산·경남권역 물 문제 해소 대책 회의' 결과 공문에서 국토부는 남강댐 물 부산 공급에 대해 경상남도가 동의했다고 주장했다. 그러나 경남도 측 참석자는 회의 석상에서 남강댐에 홍수가 나면 큰 피해가 생긴다며 반대했다고 한다. 그런데도 국토부는 경남도가 동의했다며 사업을 진행했다. 회의 결과를 왜곡하고 이에 대한 경남도의 견해를 무시한 이유는 무엇인가. 또 그렇게 진행 시킨

책임자는 누구인가.

3. 국토부는 국토부 계획대로만 하면 남강댐에 위험이 없고, 심지어는 위험이 줄어든다고 주장하고 있다. 국토부는 1999년 남강댐 보강 공사 때도 2백 년 빈도 홍수에 대비했다고 주장했으나 2002(루사), 2003(매미), 2006(에위니아) 등의 태풍에서 불과 7년 만에 3차례나 이를 초과하는 홍수가 발생했고, 그때마다 엄청난 수해를 보았다. 정부의 잘못으로 인해 초래된 국민의 피해에 대해 어떤 보상을 했나. 또 잘못된 예측을 함으로써 정부의 신뢰에 타격을 입힌 관련 공무원에 대해서는 어떤 조치를 했나.

4. 국토부는 남강댐 수위를 현행 41m에서 45m로 4m 높인다고 발표하고 있다. 하지만 이는 교묘한 숫자 놀음으로 남강댐의 실상과 위험을 호도하는 것이다. 남강댐 수위는 해발로 표기되는데, 댐 바닥의 해발이 평균 28~29m기 때문에 실제 수심은 평균 12~13m에 불과하다. 더욱이 41m는 상시만 수위(2008년 36일에 불과)로 평소에는 수위가 낮으므로(3월 12일 기준 36.2m로 수심 7~8m) 4m는 상대적으로 엄청난 깊이다. 수량과 관련, 국토부는 4m 높여 107만 톤을 추가 확보한다고만 하고 있다. 남강댐 담수량은 3억 9백만 톤이기 때문에 107만 톤은 조족지혈로 보인다. 하지만, 3억 9백만 톤은 남

강댐의 한계인 계획 홍수위(46m)의 담수량으로 평소에는 그보다 훨씬 적으며, 4m 높을 경우 추가되는 담수량은 최대 1억 1,200만 톤(41m~45m)에 이른다. 오늘(3월 12일)을 예로 들면 담수량은 약 6천만 톤, 수위 4m 높일 경우 추가 담수량은 8,600만 톤이 된다. 참으로 상식을 무시한 황당무계한 발상이다. 국토부는 숫자놀음 대신 남강댐과 관련된 사실에 대해 정확한 통계를 발표하라.

5. 환경부가 내놓은 '환경 보전 시책 추진 상황 보고서'를 보면 낙동강 수계 오염도 현황은 수질이 개선되는 추세다. 환경부는 낙동강 수질 개선 효과가 나타나고 있다고 밝히고 있는 데 반해, 국토부는 맑은 물 공급을 위해 취수원을 낙동강에서 남강댐 물로 옮기겠다고 하는 것은 앞뒤가 맞지 않다. 이에 대한 견해를 밝히라.

6. 국토부는 낙동강 유역 국민이 안심하고 물을 마실 수 있도록 오염 물질 배출규제 및 관리를 강화해 낙동강 수질을 더욱 획기적으로 개선하는 것이 급선무다. 따라서 국토부는 지금까지의 계획을 전면 백지화하고 원점에서 재검토해야 한다. 이에 대한 견해를 명확히 해주시기를 바란다.

예비 타당성일 뿐

2009년 12월 18일 기획재정부 예비 타당성 조사 결과에 관한 입장이다.

1. 입장

- KDI 예비타당성 조사는 하나의 절차에 불과하다. 2009년 민주화된 대한민국에서 가장 중요한 절차는 해당 지역 주민의 동의다. 실제로 예비 타당성 결과 보고서에도 "관련 지자체와의 사전 협의 및 이견 조율이 필수적"이라고 했다. 저는 예비타당성이 시작된 이후 일관되게 "예타는 예타일 뿐이다. 결과가 타당성이 있다고 나온다고 자동으로 사업에 착수하는 것이 아니다. 가장 중요한 것은 주민의 의사다"라고 말해 왔고, 오늘도 기재부와 국토부 고위 관계자에게 다시 한번 강조했다.

- 이번 조사는 할 필요 자체가 없는 조사였다. 예비 타당성은 해야 할 사업이라는 전제 위에서 그 사업이 타당성이 있느냐를 조사하는 것인데 이번 사업은 전제 자체가 잘못된 것이다. 모든 국민이 좋은 물을 마셔야 한다는 것은 당연한 일이고 더군다나 가까운 친구와 친척들이 살고 있는 부산시민들이 좋은 물을 마셔야 한다고 것은 너무나 당연한 일이다.

- 그러나 해마다 물난리에 시달리고 생명까지 위협받으며 살고 있는 서부 경남 주민들의 의사는 아랑곳하지 않은 채 일방적으로 남강에서 물을 가져간다는 발상은 발상 자체가 잘못된 것이다. 담당 공무원이 밀실의 탁상에서 주먹구구식으로 안이하게 오판함으로써 시작된 남강댐 소동이 언제 끝날지 참으로 안타깝다.

- KDI가 적절한 방법으로 조사했는지도 의문이다. 제대로 조사했다면 그런 결론이 나오지 않았을 것이다. 예컨대 경제성 분석에서 설문조사를 했는데 남강물 먹고 싶은 지역 주민을 대상으로 '남강으로 대체할 경우 추가 지불 의사'를 물었을 뿐 피해 지역 주민에게는 묻지 않았다고 한다.

2. 해설

- 예비 타당성의 결론은 종합적 타당성인데, 0에서 1까지 수치로 나타냄. 0.5가 넘으면 타당성 있다는 의미. 따라서 0.527은 타당성이 있다는 결론임.

- 종합적 타당성은 AHPAnalytic Hierarchy Process, 계층분석법에 따라 경제성 분석에 정책적 분석과 지역 균형 발전 분석 등 2가지 요소를 더해 판단함. 이번 건의 경우 경제성은 약간 미흡하지만, 낙동강 물을 먹는 부산 지역 주민 등 다른 요소가 들

어간 것임.

- 경제성 분석은 그 사업에 필요한 비용과 그 사업으로 인한 편익을 대비하는 것. 1이 넘으면 경제성이 있다는 것이며 0.954는 경제성 약간 미흡.

- 조사 결과 사업비가 줄어든 것은 국토부 관련 공무원이 이 사업을 주먹구구로 대충 잡았다는 반증. 국토부 계획은 남강댐 사업비는 실제보다 부풀리고 진주-부산까지 광역상수도를 까는 사업비는 실제보다 축소했는데 이는 의도가 개입된 것으로 보임.

- 그러나 중요한 것은, 향후 계획 중 "타당성 외에도 지자체 간의 견해 조율, 하천 수질 개선에 대한 종합적인 대책 마련 필요 등 정책 제언 사항 제시"임.

- 국토부에 결과 보고서를 넘기면서 '예비 타당성 보고서 정책 제언'을 첨부함. 제언 중 '지자체와의 사전 협의 및 이견 조율이 필수적-향후 관련 부처와 지자체 간의 협의 및 이견 조율이 지속해서 이루어져야 할 것임'. '낙동강 등 주요 하천 수질 개선에 대한 종합적이고 일원화된 대책 필요' 등에 주목할 필요 있음. 지자체 협의 과정에서 사업을 접을 수 있는 것.

진상규명, 관련자 엄중 문책

2009년 12월 22일 수자원공사 타당성 조사 착수에 관한 입장이다.

수자원공사가 18일 남강댐 공사에 대한 KDI의 예비 타당성 조사 결과가 나오기도 전인 4일 타당성 조사에 착수한 것은 '예비타당성 조사-타당성 조사-기본 및 실시 설계'로 이어지는 국책사업 추진 절차를 어긴 것으로 민주주의의 근간인 절차적 정당성을 흔드는 중대한 사건이다.

수자원공사는 "예비 타당성 조사 결과에 따라 과업 추진 여부가 변경될 수 있다"라고 단서를 달았으나 이는 법적 책임을 회피하려는 잔꾀에 불과하다.

타당하지 않다고 나오면 중단하면 될 것 아니냐는 소리가 2009년 대한민국 공직자가 할 말인가. 귀를 의심하지 않을 수 없다.

진상을 명명백백히 규명해 관련자에 대해 엄중한 책임을 물을 것임을 천명한다.

대통령 빙자해 압력 행사라니

2010년 1월 15일 국토해양부의 압력 행사 관련 입장이다.

- 남강댐 물 문제는 국토해양부 실무자의 탁상공론 주먹구구식 오판으로 잘못 시작된 일임에도 불구하고 무리를 거듭하며 추진되어 오고 있다는 점을 여러 차례 지적한 바 있다. 15일 언론보도를 통해 보도된 국토해양부의 공문은 그 사실을 적나라하게 드러내는 증거이다.

- 국토부는 KDI 예비타당성 조사가 진행 중이던 지난해 8월 19일 KDI에 보낸 공문에서 "참고로 지난 8월 12일 국토해양부 현안 업무 보고 시 대통령님께서 '부산 물 문제를 조속히 해결하라'라는 지시가 있었음을 알려 드립니다"라고 썼다. 이 공문은 국토부 노재화 정책관(국장급) 전결로 작성됐다.

- 이는 대통령을 빙자해 국책 연구기관에 노골적으로 압력을 행사하는 것으로 있을 수 없는 일이다. 나아가 '부산 물 문제를 조속히 해결하라'라는 말은 일반론임에도 불구하고 피해 지역의 절대적인 반대 상황을 일절 생략한 채 인용함으로써 대통령의 뜻을 사실상 왜곡하는 엄청난 결과를 초래했다.

- 또 사천만 어업 보상비를 처음 6천억 원에서 487억 원으로 수정했다. 이는 무려 93%나 삭감한 비상식적인 것으로, 보상비를 줄임으로써 사업의 경제적 타당성을 극대화시키기 위해 자료를 왜곡한 것으로 밖에는 보이지 않는다.

- 21세기 민주주의 대한민국에서 어떻게 이런 일이 벌어지고 있는가. 진상을 철저히 규명해 엄중하게 책임을 물을 것이다.

남강댐 문제 1년여 만에 마침내 일단락

2010년 3월 4일 장만석 국토해양부 수자원 정책실장은 "남강댐 수위 상승은 없다"라고 말했다. 장 실장은 이날 오후 한나라당 제6정책조정위원장 최구식 의원(진주갑)이 주최한 '남강댐 물 문제 정책간담회'에 참석한 자리에서 이렇게 말했다. 이로써 1년 이상 계속된 남강댐 물 문제가 마침내 해결의 실마리를 잡게 됐다.

이날 간담회에는 수자원 분야에 대한 정부 최고위 책임자인 장 실장과 정병윤 수자원정책관, 김보현 수자원개발과 사무관 등 관련 공직자들이 참석했다. 이들은 지난 2월 단행된 국토부 인사이동에서 새로 임명됐고 지금까지 남강댐 수위상승을 통한 부산 식수 문제 해결안을 기획, 추진했던 전임자들은 전원 교체됐다.

최 의원은 이 자리에서 "남강댐 물 문제는 한 공직자의 오판이 얼마나 큰 문제를 불러일으킬 수 있는지를 상징적으로 드러낸 대표적 사례"라며 "새로 일을 맡은 분들은 전임자의 전철을 다시 밟지 않기를 바란다"라고 말했다.

최 의원은 "부산 시민이 좋은 물을 마셔야 한다는 것은 당연한 일로 우리도 간절하게 바란다"라며 "그러나 그 물을 남강댐 수위를 높이고, 240km의 관을 통해 가져간다는 것은 황당무계한 발상이자 실현 불가능한 일"이라고 말했다.

장 실장은 "85년부터 3년간 진주 국도 유지 건설사무소 공사 과장으로 진주에서 살았기 때문에 남강댐 사정과 진주 시민들의 물에 대한 심정을 누구보다 잘 알고 있다"라며 "수위 상승 계획은 완전히 없어졌으니 안심하셔도 될 것"이라고 말했다. 장 실장은 "다만 남강댐 물에 여유가 있다면 물 문제로 고통받는 동부 경남과 부산시민들에게 아량을 베풀 수 있는 것 아니냐"라고 말하면서 "여유가 있으면 그렇게 하고, 여유가 없으면 못 하는 것"이라고 했다. 장 실장은 남강댐 여유 여부에 대해서는 진주 시민이 신뢰하는 전문가와 함께 정밀 조사를 할 수 있다고 말했다.

최 의원은 간담회가 끝난 뒤 남강댐 물 문제와 관련, 그동안 발표했던 기자회견문과 공개 질의서, 긴급 간담회 자료 등을 국토부 관계자에게 모두 전달했다.

남강댐 문제는 지속적 관심과 대응 필요

2010년 3월 24일 남강댐 대책위 간담회가 열렸다.

최구식(경남 진주갑) 의원은 24일 "남강댐 물 문제는 일단 정리됐지만 지속적 관심이 필요하다"라고 말했다. 최 의원은 이날 오전 남강댐 운영 수위상승 반대 대책 진주시 위원회가 주최한 간담회 자리에 참석해 이렇게 말했다.

최 의원은 이 자리에서 "남강댐 물 문제는 한 공직자의 오판이 얼마나 큰 문제를 불러일으킬 수 있는지를 상징적으로 드러낸 대표적 사례"라며 "지난 2월 단행된 국토부 인사이동에서 지금까지 남강댐 수위 상승을 통한 부산 식수 문제 해결안을 기획, 추진했던 전임자들은 전원 교체됐다"라고 말했다.

최 의원은 "현재 정부는 남강댐 물에 여유가 있다면 물 문제로 고통받는 동부 경남과 부산 시민에게 아량을 베풀 수 있는 것 아니냐는 입장인데, 그것은 우리도 간절하게 바라는 일"이라며 "정부의 이런한 고려도 진주 시민이 신뢰하는 전문가와 함께 정밀 조사를 실시한 후, 여유가 있으면 그렇게 하고 여유가 없으면 못 하는 것으로 판단하고 있는 것으로 안다"라고 밝혔다.

최 의원은 "남강댐 물 문제는 일단 정리가 됐지만 다른 문제와 달리 지속적인 관심과 대응 노력이 필요한 사안"이라며 "계란으로 바위 치기와 같은 어려운 여건 속에서도 큰 역할을 해주신 우종표 대책위원장께 다시 한번 감사드린다"라고 밝혔다.

국토해양부 장만석 수자원 정책실장은 지난 4일 한나라당 제6정책조정위원장 최구식 의원(진주갑)이 주최한 '남강댐 물 문제 정책간담회'에 참석한 자리에서 "남강댐 수위 상승은 없다"라고 말한 바 있다.

남강댐 문제는 진주 시민이 결정할 일

2010년 7월 6일 남강댐 물 부산공급 착수설에 대한 입장이다.

정부의 남강댐 물 부산 공급사업 내년 착수는 아직 아무것도 결정된 것이 없다고 밝혀졌다. 이는 최구식 의원 측이 문광혁 국토부 수자원개발과장과의 전화로 직접 확인했다.

문광혁 과장은 "국토부가 현재 부산 경남권 광역 상수도 사업을 위한 설계, 공사비 50억 원을 신청한 것은 맞으나, 이는 만약 예비 타당성 조사 결과가 타당하게 나올 경우를 대비해 예산을 확보해 놓겠다는 차원이지 내년에 반드시 추진하겠다는 것은 아니다"라며 "이런 방식으로 예산 신청을 하는 것은 정부 입장에서 불가피한 것으로 대다수가 이렇게 하고 있다"라고 밝혔다.

문 과장은 또 "남강댐 상류에 새 댐을 만들어 홍수 조절과 함께 수자원을 추가로 확보한다는 계획은 현재 전혀 고려하지 않고 있다"라고 말했다.

그러면서 문 과장은 "지난번 장만석 국토부 건설 수자원 정책 실장이 최구식 의원을 만나 직접 보고한 내용과 지금 달라진 것이라고는, 국토부와 경남이 남강댐 여유량 정밀 조사를 위해 구성한 '남강댐 용수 공급 능력 검도 협의회'가 두 차례 개최된 것 외에는 없다"라고 밝혔다.
또 "남강댐 용수 공급 능력 검토 협의회에서 결과가 나와야만 어떤 방향으로든 한 발짝이라도 나갈 수 있다"라고 말했다.

지난 3월 4일 장만석 국토부 건설 수자원 정책 실장 등은 최구식 의원을 직접 만나 "남강댐의 수위 상승은 없어졌다. 다만 남강댐 물에 여유가 있다면 동부 경남과 부산에 공급하는 것을 고려해 볼 수 있지 않느냐"라며 "남강댐 여유 여부에 대해서는 진주 시민이 신뢰하는 전문가와 함께 정밀 조사를 실시하겠다"라고 보고했다.

일방적으로 남강댐 물 가져가는 것은 불가능

2010년 9월 8일 수자원공사 경남본부장 발언에 대한 입장이다.

언론에 보도된 장용식 본부장 발언이 사실이라면 공직자로서 잘못된 발언으로 유감스러운 일이다.

남강댐 물 문제는 일관되게 말해 온 것처럼 '진주 시민이 동의하지 않는 상황에서, 일방적으로 남강댐에서 물을 추가로 빼내 다른 지역에 공급한다는 것은 옳지도 않고 가능하지도 않은 일'이다.

남강댐 물 문제는 수자원공사의 일개 실무급 담당자가 결정할 사안이 아니다. 지난해 1월 문제가 발생한 이후 정부와 국회, 관련 지역 시민들이 인내를 발휘하며 지혜를 모아가고 있는 사안에 대해 갓 부임해 실정도 파악하지 못한 상태에서 함부로 거론할 사안은 더더욱 아니다.

장용식 본부장을 9일 국회로 불러 사실을 확인하기로 했다.

※ 참고(최구식 의원 요청에 따라 수공 경남지역본부에서 밝혀온 발언 내용)

경남도청 출입 기자단 간담회(9.7.)에서 경남지역 본부장이 '경남·부산권 물 공급 사업'과 관련하여 언급한 내용은 다음과 같음

1. 한국수자원공사의 입장에서, 동 사업에 대하여 언급할 사항은 아니며, 현재 정부와 경남도가 협의 중에 있으므로 그 결과에 따라 추진 여부를 결정할 사항임.
2. 다만, "경남 지역에 나누어 먹을 수 있는 맑은 물이 있다면, 부산 지역에도 맑은 물을 먹을 수 있도록 해야 된다"라는 뜻임.
3. 지역과의 사회적 합의 없이 사업을 추진하겠다는 것은 아님.

단 한 방울이라도 피해 안 가게 하겠다

2010년 9월 14일 장만석 국토부 수자원실장 면담이 있었다.

국회 국토해양위원회 한나라당 간사인 최구식 의원(진주갑)은 14일 장만석 국토해양부 수자원 정책실장을 국회로 불러 "진주 시민이 동의하지 않는 상황에서, 일방적으로 남강댐에서 물을 추가로 빼내 다른 지역에 공급한다는 것은 옳지도 않고 가능하지도 않은 일"이라고 거듭 밝혔다.

최 의원은 “남강댐 물 문제는 남강댐 주변에 사는 서부 경남 70만 주민의 생명과 관련된 일인데 처음부터 정부 관계자의 오판으로 첫 단추가 잘못 끼워져 엄청난 혼란을 초래했다”라며 “원점에서 다시 시작해야 한다”라고 말했다.

이에 대해 장 실장은 “단 한 방울의 물이라도 남강댐 물 인근 지역 주민에게 피해가 가지 않도록 할 것이며 여러 가지 방안을 충분히 검토하겠다”라고 말했다.

물 문제, 남강댐 정답 아니다

2011년 10월 11일 정내삼 국토부 수자원실장 면담이 있었다.

최구식 의원(한나라당, 진주갑)은 11일(화) 국토해양부 정내삼 건설 수자원 정책실장을 국회로 불러 남강댐 물 관련 보고를 받았다.

최 의원은 “부산의 물 문제는 반드시 풀어야 할 숙제지만, 남강댐이 정답은 아니다”라며 “남강댐 물 문제는 가능하지도 않고 타당하지도 않은 일로 정부가 첫 단추를 잘못 끼웠다”라고 말했다.

이어 최 의원은 “정부가 다행히 정답에 접근해 가고 있는 것으로 알고 있다. 모두가 만족할 수 있는 최선의 방안을 찾아 달라”라고 말했다.

이에 대해 정내삼 실장은 “부산의 물 문제는 강변 여과수 사업을 통해 우선 해결하고, 남강댐은 남강 하천 정비 사업 등 치수 사업 위주로 추진하겠다”라며 “특히, 남강 하천 정비 사업 진주 지구와 용봉 지구는 올해 안에 착공토록 하겠다”라고 밝혔다.

이날 보고에는 국토해양부 정내삼 건설 수자원 정책실장을 비롯 김형렬 수자원정책관, 안정훈 수자원개발 과장이 참석했다.

제5부

국회에서의 날들

국회에 관한 생각

국회에 대해 나름대로 갖고 있는 저자의 생각은 다음과 같다.

인류는 행복해지기 위해 지금까지 수많은 발명품을 만들어 왔다. 전화기, TV, 세탁기, 컴퓨터 등 헤아릴 수 없이 많다. 인류의 그런 발명품 중 가장 위대한 것이 의회assembly가 아닌가 한다. 1820년에 영국의 사회학자이자 정치경제학자였던 존 스튜어트 밀John Stuart Mill은 대의제를 "현대의 거대한 발견"이라고 했다. 의회는 사람들이 권력에서 자신을 보호하기 위해 700여 년이라는 장구한 세월에 걸쳐 완성한 제도이다.

인간을 행복하지 못하게 하는 것은 많지만 독재적인 권력이 그중에서도 가장 지독한 것 아닌가 싶다.
가정맹어호苛政猛於虎라는 고사성어가 있다. 가혹한 정치는 호랑이보다 더 무섭다는 말이다. 공자가 노나라를 떠나 제나라로 가던 중 허술한 세 개의 무덤 앞에서 슬피 우는 여인을 만나 사연을 물었더니 시아버지, 남편, 아들을 모두 호랑이가 잡아먹었다는 것이었다. "그렇다면 이곳을 떠나서 사는 것이 어떠냐"라고 묻자, 여인은 "여기서 사는 것이 차라리 괜찮습니다. 다른 곳으로 가면 무거운 세금 때문에 그나마도 살 수가 없습니다"라고 대답했다는 데서 유래했다고 한다.

독재 권력은 배고픔, 호랑이의 습격, 홍수나 불같은 것보다 인간에게 더욱 해악이 크다. 다른 것은 운 좋으면 도망칠 수도 있고, 당한다고 하더라도 억울함은 덜할 것이다. 하지만 권력으로부터는 도망칠 수도 없고 억울함을 느끼는 경우가 많다. 배고픈 것은 참아도 억울한 것은 못 참는다는 말이 있지 않은가.

의회라는 발명품이 나오기 이전까지 인류는 독재 권력에 시달려야 했다. 인류는 약 1만 년에 걸쳐 독재 권력에 의해 희생당했다는 말도 있다. 어떤 권력이든 가만 내버려 두면 독재 권력이 된다는 것이다. 마음대로 죽이고 마음대로 살리고 마음대로 벌주고 마음대로 상 주고, 마음대로 세금 걷고 마음대로 전쟁에 동원하고 마음대로 공사에 부역시키고….

권력은 악마적인 속성이 있다는 점에 대해 인간과 권력과 정치 등에 대한 통찰을 가졌던 여러 선각자가 경고한 바 있다. 가장 고전적인 명언은 19세기 영국의 남작이었던 액턴 경Lord Acton의 "권력은 부패하는 경향이 있으며 절대 권력은 절대적으로 부패한다"라는 말이다. 그보다 100년 정도 앞선 영국의 정치가 윌리엄 피트William Pitt는 "무한정한 권력은 이를 소유한 자들의 마음을 부패시키는 경향이 있다"라고 말했다.
미국 건국의 아버지들이 강한 의회를 가진 대통령제를 택하면서 우려했던 것도 바로 이것이다. 1787년 제헌의회에서 벤자민

프랭클린Benjamin Franklin은 "인간사에 아주 강력한 영향을 미치는 두 가지 열정이 있다. 욕망과 탐욕으로, 권력의 욕심과 돈의 욕심이다"라고 말했다. 또 미국의 정치 사상가인 알렉산더 해밀턴Alexander Hamilton은 "인간은 권력을 사랑한다"라고 주장했다.

그 권력에서 자신을 보호하기 위해 시민들이 장구한 세월에 걸쳐 엄청난 피를 흘리며 만들어 낸 것이 바로 '의회'인 것이다.

의회, 언론, 민주주의

의회는 국민의 것이다. 국가 기관 중 국민과 가장 가까운 것이 의회다. 가장 먼 곳에는 대통령이 있지 않을까 싶다.

의회는 13세기 후반 영국 에드워드 1세의 통치 기간 동안 간헐적으로 소집된 회의체를 바탕으로 발전하기 시작했다. 그 회의체가 오늘날의 의회가 될 것이라고 상상했던 사람은 별로 없었을 것 같다. 하지만 바퀴는 일단 구르기 시작하면 누구도 멈출 수 없이 자신의 논리로 계속 굴러가는 법이다. 회의는 가볍게 시작되었으나, 일단 시작되고 나서는 왕의 권력을 하나씩 인수하기 시작한다.

왕이 무한정 당하기만 하고 있을 수는 없었을 것이다. 의회는 왕에게 내놓으라고 하고 왕은 못 내놓겠다고 버티고, 이런 경우 어떤 일이 생기겠는가. 전쟁이다.

인류 역사에서 의회와 왕이 각자 자신의 군대를 갖고 서로 전쟁을 벌인 일이 있었다. 올리버 크롬웰Oliver Cromwell의 철기 군과 청교도혁명을 교과서에서 배운 적이 있다. 그 전쟁을 정치적 관점으로 보면 왕과 의회 간의 관계를 바꾼, 인류사의 획을 그은 전쟁이었다.

그 전쟁에서 의회 군이 승리했다. 패자는 찰스 1세다. 찰스 1세는 1649년 1월 30일 처형당한다. 부하에게 목숨을 잃은 왕은 그가 역사상 처음이다.

이후 왕정 복고, 앙시앵레짐ancien régime, **절대 왕정 시대의 체제** 등 많은 진퇴와 곡절은 있었지만, 역사의 흐름은 막을 수 없는 법이다. 권력은 점점 왕에게서 국민에게로 끌려갔고 그것은 의회를 통해 이루어지게 된다.

의회와 하는 일이 가장 비슷한 것이 언론이라고 생각한다. 언론 역시 의회와 마찬가지로 권력의 마성에서 국민을 보호하는 것이 최고의 존재 이유다. 의회가 법과 제도를 통해 그 일을 한다면, 언론은 인간이 본질적으로 가지고 있는 양심의 힘, 공공을 향한

본능에 기대어 사실을 통해 그 일을 한다.

언론은 국가나 권력처럼 자연 상태에서부터 존재했던 반면, 의회는 인간이 고안해 낸 발명품이라는 점이 다르다.

민주주의는 대통령과 국민이 서로 마주 보고 서서 대통령은 검찰·국세청 등 국가권력을 동원해 국민을 다스리고, 국민은 남용되기 마련인 권력에서 자신을 보호하기 위해 의회와 언론을 통해 맞서는 구조로 운영되는 제도라고 생각한다.

지금까지 국민과 함께 살아온 것을 한없는 영광이자 보람으로 생각하고 있다. 직분을 다하지 못한 부끄러움은 물론 크다.

국회에 관심 많은 최 기자

나는 국회에 관심이 많았다. 정치부 기자들이 머물러 일하는 곳으로 국회 기자실도 있고 정당 기자실도 있다. 나는 정당 기자실에 있기보다는 국회 기자실에 있기를 더 좋아했다.
정당은 권력을 획득하는 일에 관심이 많은 사람이 모여 권력을 쟁취하기 위해 활동하는 곳이다. 반면 국회는 국민을 대표하여 국민의 처지에서 권력을 감시하는 일을 하는 곳이다. 말하자면,

정당은 권력에 관심을 가진 일부 사람들끼리 모여 권력을 향해 활동하는 '그들의 비즈니스'일 뿐, 국민이 일상적으로 관심을 가져야 할 곳은 아니라는 것이다.

이에 반해 국회는 언론과 같이 국민의 편에 서 있다. 국회의 임무는 국민을 대신하여 국민을 억압하려는 속성을 가진 권력을 감시하는 것이다.

물론 차이는 있다. 국회는 법적·제도적인 뒷받침을 받으며 권력을 감시하는 곳이고, 언론은 법과 제도적 뒷받침은 없지만, 인간의 양심과 이성이라는 보다 본질적인 요소를 통해 권력을 감시하는 곳이다.

국회는 선거에 의해 뽑힌 국회의원으로 구성되는 국가 기관이고, 언론은 입사 시험에 합격한 기자들이 언론사와의 사적 계약으로 일하는 민간기업이다.

둘 다 헌법에 따라 보호받는 헌법기관이라는 것 또한 같은 점이다. 언론은 민간 부문이지만 헌법에 따라 보호를 받는다. 그만큼 국가의 운영에 있어 본질적인 곳이라는 의미에서 민주주의의 선각자들이 일부러 헌법에 규정을 넣었다.

국회 출입과 정당 출입

국회의 출입처는 상임위원회 단위로 나뉜다. 상임위원회는 정부의 조직에 대응하도록 구성되어 있다. 국회 재경위원회는 정부 재경부를 담당하고 국회 산업자원위원회는 정부 산업자원부를 담당하는 식이다.

하지만 행정부에 비해 단출하다. 보건복지위, 환경노동위 등 한 위원회에서 두 개 혹은 그 이상의 정부 부처를 담당한다. 정부가 행정을 직접 집행하는 조직인 데 반해 국회는 그것을 감시만 하면 되기 때문에 꼭 1대 1로 대응할 필요는 없다.

그렇지만 현 단계에서 우리나라는 선진국에 비해 국회의 규모가 행정부보다 지나치게 작은 것은 사실이다. 국회의 권력에 대한 견제와 감시 기능이 짧기 때문이나. 그러니까 정치부의 국회 출입 기자는 국회팀의 자격으로는 상임위원회를 담당하고, 정당팀 소속의 자격으로는 한나라당 혹은 민주당을 담당한다. 일종의 다중 역할이다.
그러나 우리나라 취재 시스템은 정당이 국회보다 우선된다. 소개할 때도 어느 상임위 출입 기자라고 하는 경우는 거의 없고 어느 당 출입 기자라고 소개한다.

주 활동 무대도 국회가 아니라 정당이다. 국회는 회의가 있을 때, 한 번씩 손님처럼 들렀다가 회의가 끝나면 바로 '소속 정당'으로 원위치한다. 날마다 특정 정당에서 그 당 사람들과 함께 밥 먹고 대화하다 보면 그 정당의 주장에 동화될 가능성이 매우 높다.

꼭 편파적으로 된다는 것이 아니라 한쪽 사람들과만 대화하고 생활하다 보면, 자연스레 그렇게 되는 것이다. 그래서 가끔은 같은 회사 동료끼리 출입 정당별로 생각이 달라 식사 자리에서 말다툼을 벌이는 경우도 있었다고 한다.

특히 우리나라는 특정 정당이 특정 지역으로 주로 구성되는 경향이 있다. 이에 따라 특정 정당 출입 기자는 거의 특정 지역 출신으로 구성되곤 한다.

혁신도시 추진 국회의원 모임 결성

2008년 4월 23일 혁신도시 국회의원 모임 첫 회의가 있었다. 새 정부 들어서고 혁신도시에는 불안한 그림자가 드리우기 시작했다. 2008년 4월 15일 감사원이 노무현 정부가 혁신도시 효과를 3배 부풀렸다는 내부 보고서를 발표했다. 혁신도시가 없어질 수도 있다는 불안감이 흘렀다. 혁신도시 이전 지역 주민들은 매우 불안해했다. 혁신도시가 진행되지 않는다면 새 정부의 지방 살리기 정책은 무엇인지 묻는 사람도 생겼다. 혁신도시 관련 지역 출신 여야 의원들이 '혁신도시 추진 국회의원 모임'을 결성했다.

4월 23일 혁신도시 추진 모임 첫 회의가 있었다. 최인기, 서병수, 정갑윤, 이철우, 최구식, 유승민 총 6명이 모였다. '혁신도시 추진 국회의원 모임'으로 명칭을 정하고 통합민주당의 최인기 의원이 대표를, 김형오 의원이 고문을, 유승민 의원이 간사를 맡았다.

첫 회의 내용은 혁신도시와 관련하여 언론에 공동으로 입장을 표명하고, 향후 지속적인 모임을 통해 대정부 요구 사항을 정리하여 정부의 혁신도시 개선 방안(2008년 6월 말) 마련 시 우리의 의견을 적극 반영시키기로 했다.

장기적으로는 국회 연구 단체로 등록하여 혁신도시뿐만 아니라 '지방 균형 발전과 지방분권 의원 연구 모임'으로 발전시켜 토론회 및 세미나를 개최하기로 했다.

제6부

한류,
그리고 진주 사랑

2005년 초 한류연구회를 만들며

한류연구회, 오래전부터 생각해 오던 것이다. 그래서 이번에 일본과 중남미를 방문할 때 한류에 대해 많이 묻고 관찰했다.

두 가지를 느꼈다. 첫째는 가능성이다. 한류는 이미 세계적인 현상이 되고 있고 가능성도 무궁무진하다는 것이다. 두 번째는 위험성이다. 각국 내부에서 한류를 억누르려는 움직임이 있었다. 그래서 자칫하면 한류가 일과성으로 지나가 버릴지도 모른다는 위기감도 느꼈다.

일본에서는 올 하반기에 욘사마 열풍이 가라앉고, 그와 함께 한류도 한때 유행으로 지나갈 것으로 예측하는 시각도 있었다. 단순한 예측이 아니라 그런 방향, 즉 유행으로 보내버리기 위해 적극적으로 작용하려는 힘도 있는 것 같았다.

나는 한류를 문화 현상으로만 파악하지 않고 경제와 외교의 관점에서 파악하려 한다. 한류 문화가 아니라 한류 경제, 한류 외교 말이다. 우리가 한류를 어떻게 발전시키느냐에 따라 우리나라가 향후 나아갈 비전을 찾아낼 수도 있다고 보았다.

어차피 먹고사는 문제가 해결되고 난 후에 남는 것은 재미고, 재미는 문화다. 이번 다보스포럼에서 우리가 확인한 것처럼 스타의 힘이 정치인을 능가하는 세상이 되었다. 티베트에서도 달라이라마보다 리처드 기어가 훨씬 중요하다고 한다.

꿈의 비즈니스, 관광산업

오늘날 삶의 방식이 변화하고 있다. 대강의 먹고사는 문제가 해결되고 나니 사람들은 즐겁게 사는 것을 목적으로 한다. 따라서 관광 및 여행 산업이 각국의 주요 투자 부문으로 주목받고 있다. 세계관광기구WTO는 국제 관광객이 2010년에는 10억 명을 돌파할 것으로 본다. 각국의 GDP 대비 관광산업의 비중은 20%가 넘을 것이라고 한다.

관광산업은 부가가치가 매우 높은 산업이다. 비행기 1대가 공항에 내리면 자동차 100대의 수출과 같은 효과를 가진다고 한다. 외국인 관광객 1,000만 명을 유치한다면 20조 원대의 생산 유발 효과가 있다고 한다. 그 어느 산업보다 고용 창출 효과가 크다. 매출액 10억 원당, 52명의 일자리를 창출한다. 제조업의 2배, IT 산업의 10배에 달한다. 공해도 없다. 도시를 깨끗하고 아름답게 가꾸기만 하면 된다. 이것이야말로 미래형 첨단산업이자 꿈의 비즈니스다.

나는 우리나라의 미래에 대해 낙관한다. 바로 관광산업이 있기 때문이다. 세계적인 관광지가 된 곳을 보면 대부분 아름다운 자연과 이야기가 있다. 금수강산 대한민국은 아름다운 자연과 5천 년 역사 속에 담긴 많은 이야기가 있다. 두 가지를 완벽하게 구비하고 있으니 충분한 자격이나 조건이 있다고 본다.

드라마 축제는 블루오션

외국인의 한국 방문 기회를 무엇으로 만들까를 계속 고민했다. 먼저 축제를 생각했다. 그런데 영화제를 비롯해 어떤 축제든 이미 숱하게 있었고, 후발주자로서 성공할 가능성이 희박했다. 이른바 경쟁이 치열한 레드오션이다. 블루오션, 그중에서도 우리만이 할 수 있는 것, 세계적인 경쟁력이 있는 것이 무엇인지, 고민 끝에 찾아낸 것이 드라마 페스티벌이다. 2005년부터 진주에서 열리기 시작한 '코리아 드라마 페스티벌'은 그런 고민의 결과물이다.

드라마 페스티벌이란 것은 일단 세계에 없다. 게다가 한국 드라마의 경쟁력은 압도적인 1위이고 당분간 추월할 수 있는 외국은 없다. 드라마 페스티벌에 가서 그렇게 보고 싶던 한류 스타도 만나고 드라마도 보고 콘서트도 볼 수 있다면, 한류의 매력에 빠진 외국인 특히 아시아인들이 어떻게 찾지 않을 수 있겠는가.

드라마 페스티벌의 목표는 외국 관광객이다. 진주가 성공하면 서귀포, 원주, 광주, 전주, 춘천 등 다른 도시도 벤치마킹 benchmarking하면 된다. 드라마 페스티벌을 시작하면서 세운 소박한 목표는 진주 관광객 연 1천만 명이다. 진주도 인구 35만 명으로 프랑스의 니스(니스 영화제 개최)와 같다. 니스는 되는데 진주는 왜 안 되겠는가. 국가별 연 관광객 숫자는 프랑스 7천5백만, 스페인 5천2백만, 미국 4천6백만, 중국 4천2백만이다. 우리나라라고 되지 말라는 법이 있겠는가.

사막밖에 없는 두바이의 관광 목표가 2014년까지 1억 명이라고 한다. 인공섬을 만들고 세계 최고의 호텔들을 유치해 관광객을 사로잡겠다는 전략이다. 이 마당에 우리가 1천만 명을 꿈꾸지 못할 이유는 없다. 오히려 목표를 좀 더 늘려야 하지 않을까 생각한다.

축제의 도시 진주

10월이면 진주는 축제의 도시가 된다. 1일부터는 유등제, 3일부터는 개천예술제, 26일부터는 드라마 축제가 열린다. 앞의 두 축

남강 유등축제
(출처: 진주시청 홈페이지)

제는 이미 성공했고 드라마 축제는 올해부터 시작이다. 3형제 중 막내인 드라마 축제까지 성공하면 진주는 세계 최고의 축제 도시가 될 것이다.

드라마 축제 역시 성공 가능성이 높다는 것이 전문가들의 지적이다. 진주에서 하면 성공할 수밖에 없다는 것이다. 진양호, 남강의 아름다운 자연과 진주대첩, 임진대첩이라는 위대하고 비극적인 역사가 함께 있는 도시에서 열리는데, 망치려고 애쓰지 않는 한 어떻게 실패하겠느냐는 것이다.

실제로 지난해 진주를 찾았던 문화관광부 장관과 국회 문화관광

위원회 20여 명의 여야 의원들은 "이렇게 아름답고 눈물겨운 역사를 가진 진주에서라면 뭐든 다 될 것"이라며 부러워했다.

지난해 드라마 축제 조직위원회(위원장 김태호 경남도지사) 출범식과 올해 행사를 비교하면 그 말이 맞는 것 같다. 드라마 소극장, 한류 문화 포럼, 드라마 제작자와의 만남, 아시아 스타의 밤, 드라마 O.S.T 멀티미디어 불꽃 쇼 등이 열린다. '차세대 한류스타 선발 대회'는 상위 입상자가 바로 드라마에 캐스팅될 예정이다.

MBC가 주관 방송사인데 본사가 지역 축제 주관사가 되는 것은 처음이라고 한다. 월드컵 같은 대형 이벤트를 후원해 온 현대자동차를 비롯하여 마루한, 대교, GM 같은 대기업이 후원사가 돼 주었다. 이름을 내건 지 1년 만에, 사실상으로는 첫 행사에서 이런 일들이 이루어진 것을 보면서 관련자들은 깜짝 놀랐다고 한다. 서울에서도 힘들 텐데 어떻게 지역에서 그런 일이 가능했냐는 것이다.

모두 '드라마' 세 글자 때문에 가능했다는 것이 나의 판단이다. 드라마에 있어서는 한류 종주국인 우리나라의 수준은 단연 세계 최고로 타의 추종을 불허한다. 따라서 영화제나 연극제, 음악제 등과는 달리 드라마 축제는 한국에서 하는 것이 자연스럽게 가장 권위가 있게 돼 있다. 드라마 축제는 현재 경쟁 상대가 없다. 외국은 물론이고 우리나라의 다른 도시에도 없다. 요즘 유행하는 용어로 블루오션이다. 지난해 출범식에 참석했던 일부 의원이 '선점을 당했다'라며 땅을 쳤던 것도 이 때문이다.

드라마 축제가 성공하면 어떤 일이 벌어지게 될까. 나는 농담 삼아 '내 소박한 꿈은, 진주를 매년 1천만 명 이상의 외국인 관광객이 찾는 도시로 만드는 것'이라고 말하곤 한다. 관광객, 비즈니스맨을 합쳐 외국인 입국자가 6백만 명밖에 안 되는 나라에서 꿈같은 숫자다. 하지만 진주라고 안 되라는 법 있는가. 나는 니스에서 그 꿈을 보았다. 칸 영화제가 열리는 칸 바로 옆에 있는 니스는 진주와 비슷한 규모인데 관광객이 1천만 명이라고 했다.

우리는 중국과 일본과 동남아라는 거대한 잠재 시장을 갖고 있고, 또 한류와 드라마를 갖고 있다. 아시아인들이 가장 좋아하는 것이 한류 스타와 드라마다. 21세기의 미래 전략산업은 문화와 관광이라 한다. 이를 잘 접목하면 충분히 가능한 일이다. 그러기에 MBC도 현대자동차도 흔쾌히 합류한 것 아닌가 싶었다. 일본에서는 벌써 방송사를 중심으로 큰 관심을 표시하고 있다고 한다. 이번에 성공하면 내년에는 올해와는 비교할 수 없을 정도의 대형 축제가 될 수도 있다.

드라마 축제가 성공하면 진주의 모든 것이 명품이 된다. 실크 넥타이가 그 우수한 품질에도 불구하고 제값을 못 받는 억울함이 없어지고, 장생도라지 등 바이오 상품이 세계적인 상품이 될 수 있다. 서부 경남, 나아가 동부 전남까지 영향을 미치게 돼 국토 균형 발전에도 이바지할 수 있다. 김태호 경남지사가 야심 차게 추진하고 있는 남해안특별법을 통한 남해안 시대 개막과도 직결된다.

이 거대한 꿈의 바탕에는 진주가 있다. 진주라는 위대하고도 아름다운 도시가 없다면 꿈은 한 자락 백일몽이 되고 말 것이다. 한류 스타와 드라마 축제 때문에 처음 찾은 사람일지라도, 일단 진주에 와서 보았다면 어찌 다시 찾지 않을 수 있겠는가. 어디든 있는 일이지만 드라마 축제에도 회의적인 사람이 없지 않은 것 같다. 부산 국제영화제를 성공시킨 김동호 집행위원장은 인터뷰에서 이렇게 말했다. "10년 전 시작할 때 아무도 성공할 수 있을 것이라는 기대를 하지 않았고 회의적이었다. 부산에 뭐가 있다고 영화제를 해, 하는 말이 많았다."

꿈은 이루어진다고 했다. "사랑하는 진주 시민 여러분, 진주가 부활하는 소리가 들리지 않으십니까."

진주대첩은 임진왜란 3대첩

조선일보에 '임진왜란 3대첩'에 대한 잘못된 정보를 수정하고자 직접 투고한 내용이다.

> 9월 8일 A33면 '독자의 소리'에서 '임진왜란 3대첩 잘못 아닌가'라는 질문에 대한 답변을 읽었습니다. 질문은 '3일 자 조용헌 살롱에서 임진왜란 3대첩을 한산, 행주, 노량대첩이라고 했는데 학창 시절 한산, 행주, 진주대첩으로 배웠다'였고, 답변은 노량대첩이 맞다는 취지였습니다.
>
> 먼저, '현재 국내 교과서는 임진왜란 3대첩이란 말을 쓰고 있지 않고 다만 특정 필자가 편집한 국사 대사전에 3대첩이란 말이 나와 있는데, 그곳에는 노량대첩 대신 진주대첩으로 쓰고 있다'라고 했습니다. 임진왜란을 전공한 이상훈 박사(국립진주박물관)는 "공식적으로 3대첩이란 말을 사용하지 않는다는 것은 맞지만, 상식적으로 3대첩이란 말이 통용되는 것 또한 엄연한 현실"이라며 "이 경우 한산, 행주, 진주대첩이지 어디서도 노량이 거론된 것을 본 적이 없다"라고 말했습니다. 9일 현재 필자가 확인한 모든 백과사전과 인터넷 검색 사이트도 마찬가지였습니다.
>
> '특정 필자가 편집한 국사 대사전'이란 표현은, 우리나라에 국사

대사전은 단 한 종뿐이기 때문에 부적절하며, '3대첩이라는 말을 쓸 때도 학자마다 조금씩 견해가 다르다'라는 대목 역시 학자마다 다른 것이 아니라, 그런 주장을 하는 사람이 새로 나타났다고 하는 것이 맞습니다. '노량대첩을 주장하는 학자는 진주대첩이 제2차 접전에서 왜군에게 무참하게 패배해 5만 명의 병사가 몰사했기 때문에 대첩이 될 수 없다는 견해'라고 했는데, 새롭긴 하나 희한한 주장입니다. 진주성 전투는 1차(1592년 10월) 2차(1593년 6월)로 치러졌습니다. 1차는 충무공 김시민 장군이 10배의 적을 패퇴시킨 대승이었고, 2차는 1차 패배로 전쟁 계획에 결정적 차질을 빚은 도요토미가 발작적으로 복수를 지시해 동원된 왜군 거의 전 병력에 맞서 관·의병 3천4백여 명 등 6만~7만 명이 8일간 싸우다 전원 옥쇄한 임진왜란 최대의 비극입니다.

대첩은 전투 규모만이 아니라 전쟁 전체와 관련된 전략적 중요성이 있어야 하는데, 진주성 1차 전투로 전라도를 지켜 수군의 배후를 확보했고 초반 수세를 공세로 전환하는 전기가 됐기 때문에 대표적인 대첩입니다. '무참하게 패배해 5만 명의 병사가 몰사했기 때문에 대첩이 될 수 없다'라는 주장은 역사 인식이라기에는 황당하며, 순절한 선조들에 대한 모욕이기도 합니다.

6.25전쟁전의 촉석루와 남강(1930년대)

진주대첩역사공원 및 진주성 인근

내가 본 최구식

정치인과 기자, 소설가의 시선

박관용(전 국회의장)이 본 최구식

권력의 한복판에서 판단을 맡길 수 있었던 사람

최구식 의원과는 2002년 7월 국회의장이 되면서 공보수석비서관으로 함께 일하게 되었다. 그전에도 조선일보 출입기자로 알고 지냈지만, 가까이서 알게 된 것은 그때부터라고 해야겠다. 그는 일을 시작하자마자 능력을 드러내 보였다. 절친하게 지내던 친구가 타계해 조사를 쓸 일이 생겨 초안을 잡게 했는데, 반나절만에 거의 완벽하게 써 왔다. 고인의 성품, 나와의 관계 등에 대해 선행으로 두서너 가지 질문한 것이 전부였는데 말이다. 글솜씨도 글솜씨려니와 사안의 본질을 짚어 내고 그것을 표현해 내는 능력이 남다르다 싶어 눈여겨보게 되었다.

나의 국회의장 시절은 순탄치 않았다. 김대중 정권이 임기 말로 접어들면서 각종 권력형 비리가 터졌고, 한나라당은 그해 말 대선에서 정권을 되찾기 위해 날카롭게 대립각을 세웠다. 격돌의 현장은 늘 국회였다. 나는 의장직을 40년 가까운 정치 인생의 마지막으로 생각하면서 국회의 위상을 바로 세우는 일에 모든 것을 걸고 있었다. 게다가 나는 헌정사상 최초의 야당 출신 국회의장이었다. 권력의 입김은 막아야 했고, 그렇다고 야당에 기댈 수도 없었다.

정확한 정보가 필요했고, 정밀한 판단이 필요했다. 그 일의 상당 부분을 최 수석이 맡았다. 그런데 그는 매일 한 장짜리 보고서를 냈다. 따로 시키지 않았는데 어느 날인가부터 가지고 왔다. 내게 필요하다고 판단한 모양이었다. 청와대 보고서, 안기부 보고서 등 수많은 종류의 보고서를 읽으면서 살아온 내 눈에도 그 보고서는 수준급이었다. 알아보니 혼자서 취재하고 분석하고 판단하고, 다 하는 모양이었다. 당시 대통령 선거 최대의 화두는 노무현·정몽준 후보 단일화 문제였는데, 어느 날 그 문제가 참모회의에서 화제가 되었다. 정치의 속성상 단일화는 힘들다는 것이 대부분의 의견이었는데, 최 수석은 단일화가 될 것이라는 주장을 굽히지 않았다. 평소 회의에서 자기 주장을 강하게 내세우지 않았는데, 그 문제만은 완강했다. 그때 이렇게 말한 것으로 기억한다.

"김영삼, 김대중 같은 김 씨들 같으면 단일화는 불가능하다. 첫째, 가신들 때문에 안 된다. 둘째, 지지자들 때문에 안 된다. 셋째, 본인들의 꿈 때문에 안 된다. 하지만 노무현과 정몽준은 김

씨가 아니다. 가신이 없고 지지자의 성격이 다르다. 또 두 사람이 10대부터 대통령을 꿈꾸었다는 말을 들은 적은 없다. 단일화를 하지 않으면 100% 지고, 단일화를 해서 1%라도 이길 가능성이 있다면 단일화는 된다. 본인이 안 하겠다고 해도 양측 사람들이 우격다짐으로 끌고 가서라도 단일화를 시켜 낼 것이다."

결국 단일화가 되었다.

2003년 10월 어느 날, 내 방에 오더니 출마 결심을 밝혔다. 고향 진주에 지역구가 새로 생기는데, 그 새 지역구가 연고가 깊다는 것이었다. 진주에서 초중고를 나왔고, 아내는 대학까지 나왔으며, 친가·처가·외가까지 세 가족이 모두 지역구 안에 있다고 했다. 그러면서 서울 집을 팔고 진주로 이사를 가겠다고 했다. 출마는 찬성했지만 집을 파는 것은 말렸다. 서울에 살던 사람이 고향에 출마한다고 집을 파는 경우는 못 보았으니, 잘 생각하라고 했다. 그는 "표를 달라는 말은 운명을 맡겨 달라는 말인데, 그분들과 같이 살지도 않으면서 그러는 것은 도리가 아닌 것 같다"고 했다. 다음 날 오더니 동네가 좋아서 그런지 바로 나가더라며 집이 팔렸단다. 최 수석 가족이 그 집을 장만하느라 얼마나 고생을 했는지 들었던 터라 마음이 복잡하겠다 싶었는데, 정작 본인은 대수롭지 않아 했다.

나는 최구식 의원의 의정 활동을 관심 깊게 지켜보고 있다. 내가 떠날 때 그는 새로 시작했으며, 특히 그 시점에 소중한 인연을 맺었기 때문에 어떤 때는 후계자라는 생각도 든다. 최 의원도 스스로 '박관용의 후계자'라는 말을 한다고 들었다. 나는 그가 좋은 정치인이 되기를 바란다. 능력 있는 정치인보다는 인격을 갖춘 정치인이 되기를 바란다.

김연광(전 월간조선 편집장)이 본 최구식

위계의 조직에서 품격으로 버틴 기자

조선일보 정치부에서 나는 최구식 기자를 '1진'으로 모셨다. 언론사는 군기가 엄정하고 선후배 간의 위계질서가 뚜렷하다. 혹자는 '언론사는 지식정보 산업의 하나다. 창의성이 지배하는 곳이다'라고 말하지만, 피상적인 관찰이 아닌가 한다. 나는 아직도 기자라는 직업이 전근대적인 조직문화가 강한 직역이라고 생각한다.

"김대중 씨와 김종필 씨 사이의 후보 단일화 협상이 막바지에 이른 것 같다. 김종필 씨의 동태를 각별히 체크하라"는 1진의 지시가 떨어지면 2진은 몇 날 며칠 찬바람을 맞으며 청구동 김종필 씨 집에 누가 들락거리는지 확인하느라 몽유병 환자처럼 배회한다. 1진이 불타고 있는 화재 현장에 뛰어들라고 하면 2진은 뛰어들어가야 한다. 그것이 신문사에서 1진과 2진의 관계다.

최구식 기자는 그런 문화 속에서 참 이질적인 존재였다. 그는 불필요할 정도로 합리적이었고, 늘 어떻게 하면 국민들의 살림살이에, 나라 발전에 도움이 되는 기사를 쓸 수 있을지를 고민했다. 2진인 나를 앞에 앉혀 놓고 소주잔을 기울이면서 그는 대략 이런 이야기를 하곤 했다.

"연광 씨, 당신이 왜 김종필, 박철언 씨를 걱정하나. 그 사람들은 이룰 것 다 이룬 사람들이야. 여의도 국회 근처를 오르내리는 머리 굵은 정치인들 가운데 당신이 걱정해 줄 사람은 단 한 명도 없어. 기자가 정말 걱정해야 할 사람은 어렵게 사는 국민들이야."

"정치인들이 자기들끼리 지지고 볶는 정쟁을 우리가 매일 시시콜콜 보도하는 게 이 사회에 무슨 보탬이 되나. 언론이 사건의 본질은 보지 않고 정쟁 논란만 좇아다니다 보니, 오히려 국민들을 헷갈리게 만드는 것 아니야?"

기자 시절의 최구식에게 가장 어울리는 표현은 '처변불경處變不驚'이 아닐까 한다. 그는 아무리 큰일이 생겨도 놀라지 않고 의연하게 대처했다. 호들갑을 떨지 않았고, 경망스럽게 일희일비하지도 않았다.
'너무 무게 잡는 것 아니냐'는 말이 간혹 나오기도 했지만, 많은 후배들은 그의 의연함을 좋아했다. 나 역시 그래서 최 선배를 존경하고 따랐다. 회사 선배들이 그를 가볍게 대하지 않았음은 물론이고, 출입처의 장들 또한 그를 어려워했다.

최구식 기자는 후배들에게 쉽게 '하라'고 말하지 않았다. 출입처의 말단 여직원들에게도 예를 갖추었다. 여직원에게 서류 복사를 부탁하면서도 "좀 해 주시죠"라고 정중히 청했다.

'까라면 까'는 문화 속에서 합리적이면서도 처변불경한 태도를 지닌 탓에, 그는 회사 안의 '데스크'들과 가끔 마찰을 빚었다. 그러나 '최구식 1진'은 위에서 받은 스트레스를 아래로 전가하는 법이 없었다.
마음이 넉넉한 최 선배의 2진으로는 성격이 다소 울퉁불퉁하고 회사 생활에 부적응을 겪는 기자들이 주로 배치되었다. 그중 한 사람이 바로 나였다. 최 선배는 그런 후배들에게 늘 든든한 방패막이가 되어 주었다.

한번은 내가 시원찮은 기사를 송고하는 바람에 데스크의 벼락이 팀장인 최 선배에게 떨어졌다. 이런 경우 다른 선배들이었으면 후배를 한 번 들었다가 놨을 텐데, 얼굴이 벌개진 최 선배는 내게 딱 한마디를 했다.

"연광 씨, 소주나 한잔 하러 가지."

최 선배는 기자 시절의 의연함으로 험한 정치판을 잘 헤쳐 나왔다. '혁신도시 진주 유치'가 확정되자 제일 먼저 나에게 전화를 걸어 알려주었다. "진주를 한류의 중심도시로 만들겠다", "진주를 서부경남의 경제중심으로 만들겠다"라고 말하는 그의 얼굴에는 늘 진지함이 배어 있었다.

이회창 씨가 정치 재개의 움직임을 보이자 그는 이른바 '원군 발언'으로 분명한 입장을 밝혔고, 지난 한나라당 대선 경선 과정에서는 경선관리위원회 대변인을 맡아 당이 대선에서 승리할 수 있는 초석을 놓았다.

최 선배는 정치인들이 흔히 빠지기 쉬운 줄서기나 색깔 논리에 기대지 않는다. 기자 시절부터 지켜온 꼿꼿함과 의연함을 여전히 놓지 않는 그의 모습을 보며, 나는 안도한다. 3년여 동안 최 선배는 천 리 길 진주를 수없이 오갔다. 피곤함에 겨워 봉고차 안에서 꾸벅꾸벅 졸고 있는 그의 모습이 안쓰러워, 어느 날 조심스레 물은 적이 있다.

"최 선배, 너무 힘든 것 아닙니까. 정치판에 뛰어든 게 후회되지는 않습니까."

최 선배는 한참 동안 정신을 가다듬더니, 이렇게 대답했다.

"아니, 정치하기를 잘한 것 같아. 고향을 위해 일한다는 건, 참 보람 있는 일이야."

김진명(소설가)이 본 최구식

옳다고 믿은 일 앞에서 물러서지 않는 사람

이 사람은 우선 얌전하다. 언제나 조용하고 남에 앞서 자신의 의견을 말하는 법이 적다. 나이가 든 사람들에 대해서는 '어른'이라는 표현을 즐겨 사용한다.

요즘의 많은 사람들이 조금만 힘이나 지식이 있으면 자기중심적인 어법을 구사하는 데 비해 최구식이 즐겨 사용하는 '어른'이라는 단어를 들으면 기분이 좋아진다. 세상의 질서를 겸허하게 받아들이겠다는 그의 내면세계를 느낄 수 있기 때문이다.

최구식은 사람과 사람 사이의 예절에 밝고 일과 일 사이의 절차에 소홀한 법이 없지만, 그렇다고 해서 함부로 나서지 않는다.

반면에 그에게는 무서울 정도의 과단성도 있다.

십여 년 전 나는《플루토늄의 행방》이라는 소설을 낸 적이 있다.

당시 조선일보 문화부 기자였던 최구식은 출판계에서는 너무 유명한 위치에 있는 사람이었다. 모든 출판사가 자사의 책을 최구식 기자에게 보이지 못해서 안달이었다. 하지만 그는 어떤 보수나 향응도 받지 않고 오직 자신의 안목만으로 책을 골라 신문에 소개하곤 했다.

그 무렵 내 책은 너무나 영세한 출판사에서 나와 지방 신문에도 소개되지 못하고 있었는데, 운 좋게도 그의 눈에 띈 것이다. 어느 날 출판사 사장이 뛸 듯이 기뻐하며 최구식 기자에게서 연락이 왔다고 했다.

"세상에! 얼굴은커녕 전화 통화도 하기 어려운 사람이 스스로 연락을 했어요."

우리는 광화문 근처에서 만났다. 그는 당시 그 소설이 엉성하기 짝이 없었는데도 나를 대단히 격려했다.

"이 소설에는 정신이 들어 있습니다. 민족의 메시지가 있어요. 김 선생, 모든 걸 다 집어치우고 산에라도 들어가 이 소설을 개작해 보시죠."

그렇게 해서《무궁화꽃이 피었습니다》가 이 세상에 태어났다. 출판 직전 나는 혹 중앙정보부나 검찰에서 문제 삼지 않을까 몹시 우려했는데, 그때 최구식은 나에게 이렇게 말했다.

"김 선생, 이건 지금 이 시대의 우리나라에 참으로 중요한 소설입니다. 정보부든 검찰이든 내가 다 막을 테니 소신을 갖고 출판하십시오."

"최 기자가 무슨 힘이 있어서 국가기관을 막는다는 거요?"

"하다하다 안 되면 김 선생이랑 같이 형무소에 가지요. 자기가 옳다고 믿는 일이라면 무언들 못하겠습니까? 어차피 세상에 태어나, 너무 나만 위해 사는 게 아닌가 고민하고 있던 참인데요."

그 이후 최구식과 나는 한 정신으로 살았다.

사월인데도 눈이 하얗게 내리던 어느 날, 최구식이 아무 기별도 없이 내가 있는 제천으로 찾아온 적이 있다.

“웬일이요?”

“어디 조용한 산장이나 뭐 그런 거 없습니까?”

“있긴 하지만 무슨 일인데요? 신문사에는 안 가고 어떻게 내려왔소?”

최구식은 아무 대답도 하지 않고 그날 밤을 하얗게 새웠다. 나는 방해가 될까 봐 다음 날 점심때쯤 되어서야 그가 묵고 있는 곳을 찾았는데, 그는 이미 떠나고 없었다.

그날 저녁이 되어서야 그에게 전화가 왔다.

“참 많이 고민한 끝에 현장 정치로 들어가기로 마음먹었습니다. 저도 툭하면 정치인들을 욕했지만 거기서 한 발짝도 앞으로 나가지 못했습니다. 그건 우리가 욕하는 정치인들과 똑같습니다. 정치가 그렇게 엉망이면 누군가 뛰어들어 제대로 풀어야 하지 않겠습니까? 돈도 배경도 없지만 오직 정신 하나로 한번 해보렵니다."

나는 그가 고민하던 현장을 직접 목격했기에 감히 말리거나 할 수 없었다. 대신 그의 궤적을 관찰했는데, 그는 자신이 모시던 이 회창, 최병렬, 박관용 등의 '어른'들로부터 한결같은 소리를 들었다고 한다.

"왜 진작 이런 젊은이를 만나지 못했던가!"

최구식은 오랜 세월 이 사회를 관찰해 왔다. 그동안 힘을 비축해 온 것이다. 나는 그가 어디서 무엇을 하든, 그가 하는 일이라면 끝까지 같이 하리라는 굳은 신념을 가지고 있다. 내 인생에 그런 사람은 단 한 사람밖에 없다고 나는 담담히 말한다.

이재운(소설가)이 본 최구식

말의 홍수 속에서 진실을 가려내는 사람

최구식이 전에 기자로 일할 때 쓴 기사를 보면 사람을 깜짝깜짝 놀라게 하는 수사가 아주 많았다. 정치 기사가 나가면 당사자들이 오줌을 지릴 만큼 서슬이 시퍼렇게 비쳤고, 그들이 말하지 않은 속말까지 홀딱 벗겨내 하루 종일 그의 기사가 얘깃거리가 되기도 했다.

최구식이 문화부에 있을 때는 더 재미있었다. 요즘은 신문에 선면 톱으로 실린 책이라도 판매고가 크게 올라가는 일은 별로 없지만, 최구식이 쓴 기사는 그렇지 않았다. 두 줄만 언급해도 이튿날 주문 부수가 확 달라지곤 했다.

글은 양이 아니라 핵심이 있느냐 없느냐가 훨씬 중요한데, 최구식의 글에서는 핵심이 항상 제자리를 잡고 앉아 형형한 눈을 부릅뜨고 있는 셈이었다. 그는 책이 잘 팔리도록 기사를 써준 게 아니라 독자들이 원하는 책을 정확히 골라서 그야말로 '기사記事'를 썼을 뿐이었다. 그는 손가락을 치켜들어 방향을 가리켰을 뿐인데, 당시 출판가에서는 최구식이 지목하면 안 팔릴 책도 베스트셀러가 될 거란 말이 돌았다. 그만큼 최구식은 사실을 꿰뚫어보는 눈이 번쩍였다.

언제나 팩트를 기본으로 삼아 그 의미를 선명하게 읽어내는 최구식을 나는 부러워했다. 누가 거짓말을 해도, 과장을 해도 결코 사실을 왜곡당하지 않고 기어코 진실을 읽어내는 그의 힘이야말로 내가 갖고 싶은 능력이었다.

최구식이 빛나는 것은 이 시대가 바로 거짓 정보로 가득 차 있기 때문이기도 하다. 요즘은 정보가 넘쳐난다. 대통령부터 초등학생까지 게시판에 올라가 쓰레기 같은 말을 토하고 싸지르고 어질러 놓는다. 말로 정치하고, 말로 수사하고, 말로 노동하고, 말로 예술하는 사람들이 많아졌다. 이쪽 말과 저쪽 말이 어찌나 다르지 헷갈릴 지경이다.

그렇지만 진실은 언제나 하나다. 세상이 아무리 복잡하고 시끄러워도 지나고 보면 아주 간단한 이치로 돌아간다는 걸 알 수 있다. 외환 위기가 온 것, 그때 금리가 올라간 것, 다시 저금리로 돌아선 것……. 지금 생각하면 너무나 분명한 법칙에 따라 움직였을 뿐이다. 몇 년 전 벤처기업을 띄운다고 광분할 때도 어리석은 사람들만 인조人造 열풍에 휩쓸려 큰 손해를 보았다. 어떤 분이 대통령이 됐을 때는 세종 이후의 최대 성군이 될 거란 소문이 돌았지만, 이제는 그런 말이 들리지 않는다.

물론 지나고 나서 아는 것은 쉽다. 그러나 미리 알아서 제대로 해야 한다. 그런 예측력과 판단력을 가지라고 대통령에게 국가정보원도 쥐여 주고, 군 통수권도 넘기고, 행정부도 맡겨 주고, 3천 개나 되는 요직을 임면할 권리도 준다.

그런 거대한 조직을 내가 줄 수만 있다면 최구식에게 쥐여 주고 싶다. 그렇다면 그는 더 정확하게 길을 찾아낼 것이다. 온 국민이 명운을 걸고 가야 할 길이 어느 길인지 그는 틀림없이 찾아낼 것이다.

지금 최구식에게는 몇몇 친구들밖에 없다. 그러나 그런 최구식이 시국을 보는 눈은 거대한 국가 조직을 거느리는 웬만한 지도자보다 훨씬 정확하고, 그의 대안은 더 설득력 있어 보인다. 그에게는 남들이 좀처럼 갖지 못하는 지혜가 있다. 작은 변화를 보고도 그는 얄미울 만큼 핵심을 읽어낸다.

지금까지 최구식은 친구들의 길을 바르게 이끌어 주고, 예시하고, 시뮬레이션하는 정도로 아까운 능력을 써 왔지만, 앞으로는 진주라는 유서 깊은 지방을, 나아가 국가와 인류를 위해 그 능력을 쓸 수 있도록 많은 분들이 도와주었으면 좋겠다.

이런 친구를 방치하는 것은 화씨의 옥을 선물 받고도 옥을 바친 사람의 발목을 자르고, 옥을 가리켜 잡석에 불과하다며 내다 버리라고 명령한 초나라 여왕처럼 어리석은 일이다. 잡석이라고 내쳐진 이 옥을 성城 열다섯 개와 바꾸자는 제안이 들어오고, 그마저도 거절당할 만큼 보석 중의 보석으로 판명된 것은 훨씬 이후의 일이다.

우리 유권자는 지도자를 정할 수 있는 권리를 가지고 있다. 어린 에디슨의 따귀를 때려 귀먹게 만든 기차 차장이나, 천재 물리학자가 될 십 대 청소년 뉴턴에게 농사일이나 강요한 그의 어머니가 되어서는 안 된다. 내 말이 진실인지는 최구식의 눈을 직접 보면 알 수 있을 것이다. 그의 눈은 정말 밝다.

에필로그

북평양 남진주, 다시 세상의 중심으로

'북평양 남진주'. 이 한마디 속에 진주의 과거와 과제가 함께 들어 있다. 한때 진주는 나라의 중심이었다. 지금 이 말을 다시 꺼내는 이유는 과거를 자랑하기 위해서가 아니라 질문하기 위함이다. 진주는 다시 중심이 될 준비가 되어 있는가.

앞으로 진주를 떠받칠 축은 분명하다. 우주항공 복합도시, 정촌 미래 신도시, 기후대응댐, AI 산업단지, 그리고 은퇴자 천국 진주. 이 다섯 축은 서로 떨어진 사업이 아니라 하나의 그림 안에 맞물린 톱니바퀴다. 사천의 KAI·우주항공청, 산청의 부품·소재 기업, 진주의 경상국립대·혁신도시·의료·문화 인프라가 합쳐질

때, 진주·사천·산청은 프랑스 툴루즈를 넘어서는 우주항공 클러스터가 될 수 있다. 정촌은 그 클러스터를 품는 영남 최고의 스마트 신도시가 되어야 한다.

기후위기 시대의 진주는 위험 위에 선 번영이 아니라, 안전 위에 선 번영을 선택해야 한다. 기후대응댐 구상은 단순히 댐 하나를 더 짓자는 이야기가 아니다. 상류에서 홍수를 분산시키고, 진양호 상수원 규제를 조정해 수변 개발을 열어주며, 남강 하류와 사천만·남해 연안을 함께 살리는 새로운 물 체계를 설계하자는 제안이다. 남강댐 수위 상승을 막아 냈던 경험은 이제 미래를 지향하는 적극적 해결책으로 이어져야 한다.

AI 산업단지는 세대교체의 무대다. 경상국립대를 축으로 AI 교육·연구를 강화하고, 우주항공·의료·관광·제조에 AI를 결합하는 기업과 스타트업을 정촌·역세권·혁신도시에 모아야 한다. 진주에서 배우고, 일하고, 창업하며, 다시 성장하는 선순환의 경로가 만들어질 때, 진주는 인재를 빼앗기는 도시에서 인재가 모이는 도시로 바뀐다. 여기에 KTX 2시간, 자연환경, 의료 인프라, 풍부한 먹거리와 반려동물 인프라를 더하면, 수백만 베이비붐 세대가 선택할 '은퇴자의 천국'이라는 또 하나의 축이 완성된다.

꿈은 거창한데 과연 가능하겠느냐고 묻는 사람이 있을 것이다. 늘 그랬다. 혁신도시, LH 이전, 서부청사, 남강댐 물 문제 등 일이 닥칠 때마다 "그건 진주가 절대로 할 수 없는 일"이라는 자포자기 섞인 자조의 말이 먼저 나왔다. 그때마다 "그래도 한번 해보자"라고 나섰고, 결국 다 이루어졌다. 지금 진주에 와 있는 것들은 거의 전부 처음에는 불가능하다고 했던 일들이다.

그때는 되었는데, 지금 안될 이유가 어디 있는가. 야당 초선의원 때도 해냈다. 이제는 거대 여당 소속이다.

최구식은 합니다

초판 1쇄 인쇄 2026년 2월 23일
초판 1쇄 발행 2026년 2월 27일

지은이 최구식
펴낸이 황정필
펴낸곳 실크로드

책임 편집 김숙희, 황민경
디자인 정미정
마케팅 황정필
관리·제작 김신기, 정지수

주 소 경기도 파주시 문발로 214-12, 3층
전 화 031-955-6333~4
팩 스 031-955-6335
등록번호 제2014-000131호
이 메 일 silkroad6333@hanmail.net

ISBN 978-89-94893-60-0(03800)

책값은 책표지 뒤에 있습니다.

이 도서의 국립중앙도서관 출판예정도서목록(CIP)은 서지정보유통지원시스템
홈페이지(http://seoji.nl.go.kr)와 국가자료종합목록 구축시스템(http://kolis-net.nl.go.kr)에서
이용하실 수 있습니다.